La méthode EDD

La Méthode EDD

John Danen

Published by John Danen, 2024.

LA MÉTHODE EDD

First edition. June 11, 2024.

ISBN: 979-8227428738

Written by John Danen.

Table des Matières

Je dédie ce livre à mon oncle Mochi (dep), à Nandai (le nouveau Français), à Naren, à Daniel, à Maru, à Natalia, à toutes les personnes que j'ai rencontrées en Argentine, à tous les Argentins et à cette grande ville qu'est Buenos Aires.

Introduction.

Avant d'expliquer les avantages de cette nouvelle méthode et de ses variantes, je vais insister un peu sur l'humilité, parce que sinon on peut devenir trop fou. Je vais donc présenter ici quelques idées et concepts que vous devriez également avoir à l'esprit pour être un peu humble et ne pas l'appliquer avec vantardise et arrogance. Tout cela, vous devez aussi le savoir pour être une bonne personne et non un vantard prétentieux, alors lisez tous ces chapitres avant d'appliquer la méthode et celle-ci fonctionnera mieux.

La seule réalité est que vous avez créé votre monde avec vos pensées. En modifiant ces pensées, vous pouvez modifier votre réalité.

Le but, notre but, est de nous aimer nous-mêmes et de nous créer un monde satisfaisant, pour cela nous devons pratiquer l'art de la pensée juste. Nous ne devons pas nous tromper, nous devons voir la réalité et la dureté des choses. C'est ainsi que nous serons prêts à faire face à tout ce qui se présentera à nous. Il n'y a pas de pire mal que d'être inconscient de soi-même et de sa situation dans le monde.

Normalement, nous serons une petite chose, une parmi des centaines de millions de personnes, et nous mènerons une vie normale et ordinaire. Personne ne saura que nous existons, personne ne saura que nous sommes morts, peu de gens se souviendront de nous et presque personne ne nous appréciera.

Il y a eu des gens qui ont conquis des empires, qui ont fait des exploits impressionnants ou de grandes découvertes, ou qui ont dirigé des nations puissantes, mais même eux, on ne s'en souvient pas. Vous devez savoir dès maintenant qu'on ne se souviendra pas de vous non plus, à moins que vous ne fassiez quelque chose d'extraordinaire. Notre gloire est éphémère, fugace et insignifiante la plupart du temps. Cela ne veut pas dire que si nous voulons faire quelque chose d'important, nous ne pouvons pas le faire, bien sûr que nous pouvons le faire, nous pouvons tout faire, mais c'est ce qui est normal, l'insignifiance, le néant, nous sommes en réalité des grains de sable sur une plage d'un kilomètre de long.

Maintenant, dans notre vie insignifiante et éphémère, nous devons être aussi heureux que possible. Je pense que nous faisons du bien en nous valorisant, car si nous ne nous valorisons pas, personne ne nous fera du bien et personne ne nous traitera mal. Donc, avant de valoriser quelqu'un d'autre, vous devez vous valoriser vous-même, même si vous êtes insignifiant. Nous sommes tous ici pour une cause, et si nous sommes ici, nous allons contribuer à ce monde en essayant de le façonner selon nos intérêts autant que possible. Parfois, par insignifiance, il est essentiel de vivre heureux.

Alors, oui, vous d'abord, bien sûr que nous le faisons ! À qui allons-nous faire plaisir, nous satisfaire et nous dorloter plus qu'à nous-mêmes ? Nous sommes nos fans, nos adeptes, nous nous aimons, nous nous plaisons et nous nous réjouissons même de nous voir belles dans le miroir.

Tout le reste est superflu, et même si je pense qu'il est très bon d'être charismatique et charmant, et que cela nous aide beaucoup à entrer en relation avec les autres, avant tout cela, ce qui est vraiment important, c'est de s'aimer soi-même. Aimer aussi ceux qui le méritent, en sachant que, bien souvent, cet amour ne sera pas réciproque et que l'on finira par être trahi, même si cela nous est égal. Tout le reste est en dessous de l'important, qui est que vous soyez heureux.

Si vous aimez quelque chose, faites-le, si vous voulez quelque chose, obtenez-le, ne vous résignez jamais.

Nous allons être des adorateurs de nous-mêmes, nous souciant peu de tout ce qui n'est pas de notre ressort, parce que rien ne compte autant pour nous que nous-mêmes et quelques personnes qui méritent notre affection.

Tout ce qui se passe dans le monde, ce sont des choses dont on entend parler, que l'on regrette, dont on souffre et que l'on voudrait meilleures, mais qui en réalité, à l'exception des choses qui nous sont très proches, sont des choses qui ne nous touchent pas trop. Il vaut mieux ne pas regarder ces nouvelles déprimantes, afin de ne pas être accablé toute la journée en pensant à tous les malheurs qui arrivent. Si nous avons décidé de faire quelque chose pour résoudre cela, allons-y, mais si nous allons vivre notre petite vie dans notre petite place, et que nous pensons que nous ne pouvons rien faire pour résoudre tous les problèmes du monde, nous nous concentrerons sur nos petites choses, laissant cela à des gens qui ont plus de pouvoir que nous.

Ce n'est pas un livre pour que tu sois un vrai salaud, c'est simplement pour que tu t'aimes plus que les autres, pour que tu réalises que dans la vie tu n'as que toi, et que ni tes parents, ni ta copine, ni tes amis, ne vont t'aider. Tu n'as que toi, tu ne peux compter que sur toi, tu dois te faire plaisir. C'est un peu la suite de "l'art de se faire plaisir" mais avec de nouvelles et puissantes méthodes de séduction. Ainsi, en séduisant, vous vous faites aussi plaisir,

C'est un livre qui m'a semblé nécessaire, et même si tout ce que je dis ici est un peu narcissique, au fond, ce que je veux, c'est que les gens soient heureux et qu'ils se comportent bien avec les autres, sauf pour de très bonnes raisons.

Si nous nous faisons respecter, si nous nous valorisons et si nous nous donnons l'importance que nous méritons, je crois même que les autres nous traiteront mieux que si nous sommes gentils avec tout le monde, mais que nous ne nous respectons pas nous-mêmes.

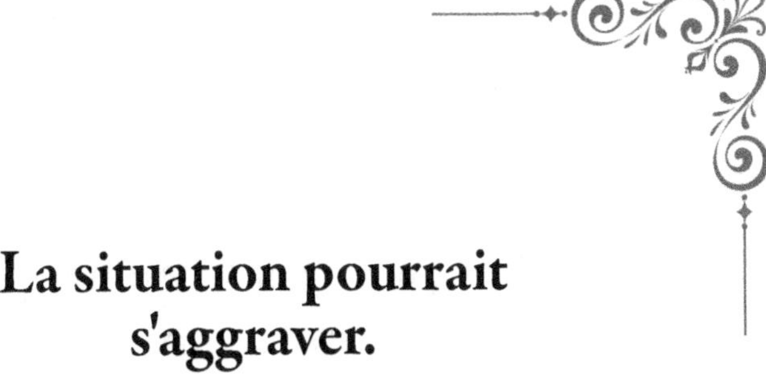

La situation pourrait s'aggraver.

Imaginez que vous soyez dans une prison en Thaïlande, condamné à la prison à vie par exemple, où vous partagez chaque jour une cellule avec 40 autres hommes. Vous êtes volé, on vous crache dessus, vous êtes battu et violé par une bête d'arts martiaux qui pèse 140 kilos. Personne ne vous voit, vous avez faim et froid, vous êtes atteint d'une maladie très grave et vous ne sortez même plus dans la cour, car votre jambe est cassée et vous ne pouvez pas marcher. Lors d'une altercation, un coup de poing vous a rendu aveugle et vous n'avez plus que trois mois à vivre en raison de votre mauvais état de santé.

Vous êtes comme ça maintenant, n'est-ce pas ? Alors tout va bien. Il faut être heureux parce que nous ne sommes pas dans une telle situation, nous avons une vie plus ou moins normale, nous avons des amis, nous sortons et nous avons peut-être même une femme ou une petite amie, et nous pouvons même flirter, donc nous ne devons pas nous sentir trop mal, nous devons nous sentir bien, parce que nous ne sommes pas dans l'une des pires situations que l'on puisse connaître. Donc, tant que vous n'êtes pas dans une telle situation, vous devez toujours être super heureux et reconnaissant de vivre la vie que vous vivez en ce moment.

Les pauvres veulent que
vous soyez pauvres.

Un jour, j'allais travailler, faire mon travail, écrire mes livres, faire mes vidéos, me promouvoir, bref, essayer de me frayer un chemin en tant qu'écrivain. Ce n'était qu'un jour de plus dans la routine dans laquelle je m'étais installée, travaillant beaucoup pendant de nombreuses années d'affilée, sacrifiant même ce que j'aime le plus pour pouvoir prospérer, choisissant entre le plaisir et le travail, le travail. Et un travail consciencieux, pas seulement un travail acharné, mais savoir ce qu'il faut faire et le faire. Je me poussais à atteindre mes objectifs.

Ce jour-là, je rentrais chez moi pour travailler et en chemin, j'ai rencontré deux hommes que je connaissais, ce ne sont pas des hommes mauvais, ni super bons, ce sont juste des hommes ordinaires, avec des aspirations plutôt basses. Ils n'étaient pas mauvais, mais je devais travailler et je leur ai dit : "J'y vais, je dois travailler", et j'ai été surpris par leur réponse.

- Ne travaillez pas, ne travaillez pas, vous ne voyez pas que vous ne deviendrez pas riche ?

En entendant cela, j'ai tiré la sonnette d'alarme et je me suis dit : "Mais qu'est-ce que vous savez de ce que je vais faire ?" Je les ai donc ignorés, j'ai dit au revoir, je suis parti et je suis allé travailler.

C'est un exemple de ce qui se passe dans la société : les gens veulent que vous soyez comme eux. S'ils sont dans la misère et la médiocrité et qu'ils voient que vous voulez vous en sortir et devenir quelqu'un, ils voudront vous en empêcher parce qu'ils ne se sentent pas inférieurs. Ils veulent que vous soyez un de plus, pour vous mettre dans leur sac de, je ne dirai pas losers, mais au moins, de gens de la foule sans ambition.

N'écoutez donc pas ceux qui n'ont rien accompli, écoutez ceux qui ont réussi, écoutez votre moi intérieur qui vous dit de prospérer. Qui sont-ils pour vous dire ce que vous devez faire ?

Il faut être totalement sourd aux conseils des gens qui n'ont pas d'ambition. Fixez-vous des objectifs et écoutez-vous.

Les imbéciles veulent que vous soyez un imbécile.

C omme les précédents, les imbéciles qui veulent des imbéciles, les gens ne veulent pas que tu te démarques, ils ne veulent pas que tu sois meilleur qu'eux. C'est pourquoi tous essaieront de te rabaisser, de te ramener à leur niveau de médiocrité. C'est pourquoi il est temps que tu te rebelles contre cette société envieuse qui s'en prend à ceux qui sortent du lot, que tu aies les couilles de t'ériger en meilleur, en grand séducteur, et de te promener bien à l'écart de ces gens qui n'arriveront à rien. Il est temps pour vous d'être le maître de la séduction.

Si vous n'aimez pas votre vie, améliorez-la !

Si, en ce moment, vous vous sentez bloqué et frustré et que vous pensez que vous reculez, que votre vie n'est pas ce que vous voulez qu'elle soit, c'est facile : arrêtez de vous plaindre et passez à l'action pour améliorer les choses. Faites ce qu'il faut, rompez avec vos amis, rompez avec vos petites amies, rompez avec votre travail, rompez avec tout. Vous devez avoir les couilles de renoncer à ce que vous avez maintenant, de prendre un risque et de faire ce que vous voulez vraiment faire.

Sans sacrifice, il n'y a pas de victoire. Sans prise de risque, il n'y a pas de victoire. Si vous restez bloqué, si vous êtes à l'aise et ne voulez pas faire beaucoup d'efforts, vous continuerez à vivre une vie peu gratifiante. Alors, comme je l'ai déjà dit à maintes reprises, faites un plan, fixez vos objectifs, efforcez-vous de les atteindre, donnez-leur la discipline et la détermination qu'ils requièrent. Au moins, mettez-vous sur la voie de la réalisation de vos objectifs.

Quelle meilleure façon d'améliorer votre vie que d'apprendre et d'appliquer les nouvelles méthodes de séduction dont je vais vous parler dans ce livre, pour devenir un Maître de la Séduction, un homme qui améliore vraiment sa vie.

Personne ne se battra pour vous.

Vous avez le pouvoir de changer les choses.

En fin de compte, tout dépend de vous, vous êtes le seul à pouvoir changer votre vie. Les autres se moquent de ce que vous faites, ils ne le soutiendront pas, ils ne le comprendront pas, c'est vous qui savez parfaitement comment vous êtes et qui êtes le seul à pouvoir prendre vos décisions, les bonnes décisions qui vous satisfont.

Je ne veux donc pas que tu sois affecté par ce que les gens disent. Fais ce que tu penses devoir faire, tu as le pouvoir de changer les choses, de passer de faible à fort, de timide à séduisant, de pauvre à riche, de maladroit à habile.

Seuls ceux qui croient en eux-mêmes ont le pouvoir de changer les choses. Ayez confiance en vous et mettez-vous au travail pour changer ce qui doit l'être.

C'est votre vie et personne ne sait mieux que vous ce que vous voulez.

Le pouvoir vous guide, putain.

Vous ne pouvez rien changer ? Alors faites en sorte que rien ne vous affecte.

Si tu n'es pas capable de changer les choses, alors ne te plains pas, tu n'as pas eu les couilles de te battre pour ce que tu voulais être, alors tu as cette vie que tu n'aimes pas mais qui est celle à laquelle tu as droit à cause de tes actes pitoyables. Si tu n'es pas capable de changer quoi que ce soit, accepte au moins ce qui t'arrive et sois heureux de vivre une vie médiocre, car c'est la vie que tu auras, celle que tu t'es créée.

Rejetez-le et obtenez-en un meilleur, ou acceptez-le et ne le laissez pas influencer ce qui vous arrive. Il est possible d'être heureux. Il est de votre responsabilité de changer les choses, si vous ne les changez pas, c'est ce que vous avez. Je sais que c'est difficile à entendre, mais il faut frapper aux consciences pour que les gens s'améliorent.

En voici un exemple.

J'ai été licencié, je m'en fiche, j'en trouverai un meilleur.

Ma petite amie m'a quitté, je m'en fiche, j'en trouverai une meilleure, ou je n'en trouverai pas du tout et tout ira bien.

Mes relations avec ma famille sont mauvaises, cela ne m'affecte pas, je ne souffre plus pour personne ni pour rien.

Si vous êtes totalement froid et détaché de tout, alors vous pouvez être heureux avec n'importe quoi et vous n'avez pas besoin de réaliser de grands triomphes pour être bien, mais c'est putain de difficile !

Pour être heureux, je pense qu'il vaut mieux au moins essayer d'obtenir ce que l'on veut. Soyez heureux quoi que vous fassiez.

Pour être heureux, je pense qu'il vaut mieux au moins essayer d'obtenir ce que l'on veut. Soyez heureux quoi que vous fassiez.

L'erreur de penser que "si tu ne m'aimes pas, c'est que tu es un connard".

Nous ne pouvons pas plaire à tout le monde. Nous ne plaisons pas à toutes les filles, ni à tous les amis potentiels, ni à tous les emplois que nous décrochons.

Si l'on pense ainsi, "si tu ne m'aimes pas, tu es un connard de ne pas m'aimer", alors on sera toujours en colère en pensant que l'on n'a pas ce que l'on mérite et que l'on est une putain de personne merdique.

Mais si nous nous disons "même si tu ne l'aimes pas, connard, je me suis aimé moi-même", alors tout ira bien parce que nous savons que le connard qui ne nous a pas appréciés n'est qu'un connard, et que ses opinions n'ont aucune validité. Il n'a aucune raison et nous n'avons rien à faire de son opinion. Nous nous aimons nous-mêmes.

C'est vraiment un imbécile et les imbéciles ne sont pas à prendre au sérieux, ils n'ont pas de jugement et nous ne devrions pas être dérangés par ce qu'ils disent.

Souvent, les personnes qui ont du pouvoir et qui sont écoutées et acceptées pour ce qu'elles disent, ne font rien d'autre que de dire des choses erronées qui nous sous-estiment.

Mais il faut aussi penser que ce n'est pas toujours le cas, parfois ils ont raison ! et nous ne sommes pas vraiment bons pour le travail, ou nous n'avons pas ce qu'il faut pour quelque chose. Dans ce cas, nous sommes d'accord avec eux et il ne se passe rien. Nous commençons à améliorer ces défauts et nous les remercions de les avoir découverts. D'autres fois, nous avons raison et ils sont juste des abrutis.

Nous ne pouvons pas abuser de l'idée qu'ils sont imbéciles, car si nous pensons toujours ainsi, le monde sera composé de personnes imbéciles qui sont aux commandes et qui nous empêchent toujours d'obtenir ce que nous voulons. Soyons raisonnables, parfois ils n'ont pas tort, nous devons être humbles et reconnaître nos défauts. C'est très facile de traiter tout le monde de connard et d'être le seul intelligent. Utilisez la logique, si tout le monde dit que vous n'êtes pas assez bon, alors vous n'êtes pas assez bon **à ce moment-là**, il ne se passe rien, vous l'acceptez et vous continuez à vous battre. Avec de la volonté, tout s'améliore.

Se protéger dans un monde hostile, où tout le monde vous en veut, c'est pour les lâches sans autocritique qui vivent aliénés dans leur monde irréel. Beaucoup de ceux qui pensent ainsi sont vraiment fous.

Soyez intelligents. Ne vous faites pas d'illusions.

Quoi qu'il en soit, cessons de nous préoccuper de ce que les autres pensent de nous. Commençons à nous améliorer et à nous aimer malgré nos défauts.

On ne peut pas plaire à tout le monde, tout le monde n'est pas séduit, sinon ce serait une chose éblouissante et facile qui n'aurait ni émotion ni mérite, le fait qu'il y ait des difficultés, des rejets et des échecs rend les victoires plus précieuses.

Si vous m'aimez, vous êtes intelligent.

Dans notre égocentrisme, nous avons tendance à penser que tous ceux qui nous aiment ou nous apprécient sont intelligents, ce qui n'est pas forcément le cas. Il y a des gens qui nous aiment qui sont des idiots absolus, qui n'ont aucune personnalité et qui nous aiment simplement, mais cela ne signifie pas que ce sont des gens intelligents.

Nous créons notre propre monde et nous nous entourons de flagorneurs, ce qui ne signifie pas que ces flagorneurs ont raison ou qu'ils sont plus intelligents, mais que nous entendons ce que nous voulons entendre.

En général, si vous êtes une personne magnifique et intelligente, les gens qui vous apprécient auront tendance à vous apprécier, car ce qui se ressemble s'assemble. Mais si nous sommes vraiment peu présentables, ce sont d'autres personnes comme nous qui seront attirées par nous et elles ne seront pas du tout intelligentes. Dans cette vie, nous voulons croire que nous sommes super cool. En réalité, nous sommes sourds aux critiques et super attentifs aux louanges.

Sachez reconnaître quand vous avez raison et quand vous êtes un homme arrogant qui a tort.

Si nous réalisons nos erreurs et sommes justes, nous nous regarderons de l'extérieur et verrons à quel point nous sommes durs à supporter et le mal que nous faisons, alors nous ferons du bien au monde et à nous-mêmes. S'aimer soi-même, c'est aussi reconnaître ses erreurs.

La société de la superficialité.

Dans la société dans laquelle nous vivons, il semble que tout soit mesuré en termes de réussite économique, de richesse, de possessions, de biens, de voitures, d'appartements, de motos, de maisons, de femmes éblouissantes, d'hôtels ou de repas.

Ils pensent que le bonheur se mesure à ces choses superficielles qui vous cataloguent dans tel ou tel groupe social, mais ce qui est vraiment important, c'est que vous vous aimiez vous-même et que vous aimiez ceux qui méritent d'être aimés par vous. Si vous êtes satisfait de votre vie, même sans luxe, vous serez plus heureux.

Vous pouvez être une personne possédant très peu de biens matériels et vivre très heureux, mais il se peut aussi que vous soyez un multimillionnaire totalement malheureux. Le bonheur n'est pas dans le matériel et le superficiel, mais dans l'esprit, dans l'attitude face aux choses.

Nous sommes dans la société du superficiel, mais nous sommes aussi touchés par cela et nous utilisons tout cela à notre avantage.

Même si nous sommes nous-mêmes un peu superficiels, ce n'est pas grave, nous nous pardonnons et nous en profitons.

Superficialité ou oui.

Ils m'apprécient tant que je pense comme eux.

C'est vrai, si vous allez avec un groupe d'amis, tout ira bien tant que vous penserez la même chose qu'eux, mais dès que vous ne serez pas d'accord sur quelque chose, que vous donnerez votre avis qui ne correspond pas à celui des autres, ils commenceront à vous en vouloir, à vous gronder et à vous laisser de côté, parce qu'ils n'aimeront pas aller avec vous.

Les gens se regroupent avec ceux qui pensent comme nous, nous n'aimons pas entendre d'autres versions, ce n'est pas bien. Si vous ne pensez pas comme eux, ils n'auront aucune pitié à vous laisser totalement tranquille, vous resterez tranquille et ils iront faire la fête. Personne ne vous appellera parce que vous les avez contrariés.

De nombreuses personnes, par crainte de cela, donnent une fausse opinion d'elles-mêmes à propos de tout. Ils cherchent à plaire aux autres et à ne pas subir de rejet. Ce sont des lâches qui n'ont pas de personnalité, parce qu'ils n'aiment pas aller avec des gens qui pensent différemment d'eux, des gens qui disent des bêtises. Ils leur en veulent de supporter de telles choses. Alors, comme les opinions sont comme les couleurs, il y en a beaucoup, et vous ne pouvez pas changer d'opinion pour plaire aux autres, ayez les couilles pour une fois dans votre vie et donnez votre vraie opinion. Vous perdrez les amis qui ne vous aiment pas et vous en attirerez d'autres qui vous aimeront. Soyez authentique.

En fin de compte, même avec les amis les plus sympathiques, il y aura des désaccords, et ils ne seront plus aussi cool, nous nous éloignerons progressivement les uns des autres, jusqu'à la rupture finale. Il faut savoir que personne ne pensera exactement comme vous, et que si vous cédez un peu à des limites qui vous conviennent à tous les deux, vous pourrez être amis. Mais si nous rompons avec tous ceux qui ne pensent pas exactement comme nous, nous serons finalement seuls, car personne ne pense de la même façon que les autres sur tous les sujets.

Il faut donc faire preuve d'un peu de souplesse et avaler un petit pourcentage de leurs conneries, tant que cela ne vous met pas mal à l'aise, sinon vous serez seul pour le reste de votre vie. Bien sûr, si vous ne les aimez pas du tout, vous les envoyez tous en enfer, mais vous devez aussi tenir compte du fait que c'est vous qui allez en enfer, parce qu'il vous sera difficile de vous faire à nouveau des amis, et c'est ainsi que vous serez toujours. Tu vas dans la merde parce que tu es seul, mais ça ne veut pas dire que c'est mauvais, ça peut être excellent pour se retrouver et mettre de l'ordre dans sa vie.

Je pense donc qu'il faut les supporter tant qu'ils restent dans des paramètres de réglage acceptables.

C'est la vie, quoi que vous fassiez, que vous l'aimiez beaucoup ou peu, vous finirez par être seul, parce que je crois que les vies sont comme des routes qui se séparent et qui partent toutes d'un point initial. Ceux qui à 10 ans étaient très proches, à 20 ans se seront séparés, à 40 ans ils seront très éloignés et à 60 ans ils seront à mille lieues l'un de l'autre. Tout change, vos amis changent et vous changez aussi par rapport à vous-même. Le vous de 40 ans n'est pas le même que celui de 20 ans.

Le fait que les gens pensent différemment rend nos réalisations plus méritoires.

Donner à cette fille la chance de sa vie.

Nous pensons que chaque fille que nous draguons est une fille chanceuse et que nous avons la chance de notre vie d'être avec un mec génial. En fait, c'est ce que je pense vraiment, mais je reconnais aussi que je suis un peu narcissique, donc la vraie réalité est que si cette fille ne va pas avec vous, il y en a 50 000 autres avec qui elle peut aller, et, et c'est la chose la plus importante, qu'une fois qu'elle **a choisi un gars, elle a tendance à s'en tenir à son choix,** parce que tout le monde a du mal à reconnaître qu'elle s'est trompée. Donc, même si elle ne vous choisit pas, la fille sera heureuse avec le mec merdique avec lequel elle va, parce que c'est celui qu'elle a choisi et qu'elle n'admettra pas qu'elle s'est trompée. Elle persévérera et se persuadera que c'est le meilleur. Donc, même si on pense vraiment qu'on est le meilleur et que dans notre tête on l'est, en réalité elle s'en foutra qu'elle aille avec toi ou avec n'importe qui d'autre, parce qu'elle va considérer que c'est acquis dans sa tête. C'est aussi simple que cela.

Que vous la séduisiez ou non, tout le monde s'en fiche, et surtout pas vous. Aucune manifestation de notre putain de pouvoir n'a de pouvoir sur nous. Nous avons le putain de pouvoir, le putain de pouvoir, nous célébrons ce qui est manifesté et nous célébrons aussi ce qui est perdu. Le putain de pouvoir nous donne ce dont nous avons besoin.

Les bons.

C'est le problème des mauvais garçons qui dominent et qui ont les femmes à leur merci : nous abusons trop de notre position. Mais cela ne dure pas éternellement, petit à petit les filles se lassent de nous et nous devenons un peu plus gérables. Nous les faisons trop souffrir, parfois après de nombreuses années, un voyou obtient quelque chose et prend une femme qui est une sainte et une bonne femme, mais qui a pratiquement été notre petit jouet. Nous avons fait d'elle ce que nous voulions, il est tombé amoureux d'elle comme un imbécile et nous n'avons fait qu'en profiter. Finalement, ces pauvres hommes persévèrent et obtiennent une femme qui ne nous fait plus rire, parce qu'elle n'est ni un défi ni une nouveauté. Elle n'a pas réussi à nous redresser au fil des ans, elle était là à notre merci, elle a essayé d'être notre petite amie et elle n'a été qu'une copine de baise mal appréciée. Laissons-les jouir de ce que nous n'apprécions pas, de ce que nous rejetons toujours. La nourriture dont le maître ne veut pas, un délice pour le cochon.

Au fond de nous, nous sommes heureux pour la pauvre fille qui a finalement trouvé un imbécile qui l'appréciait, et nous sommes donc généreux. Qu'il la mange avec son propre pain. Nous célébrons sa perte.

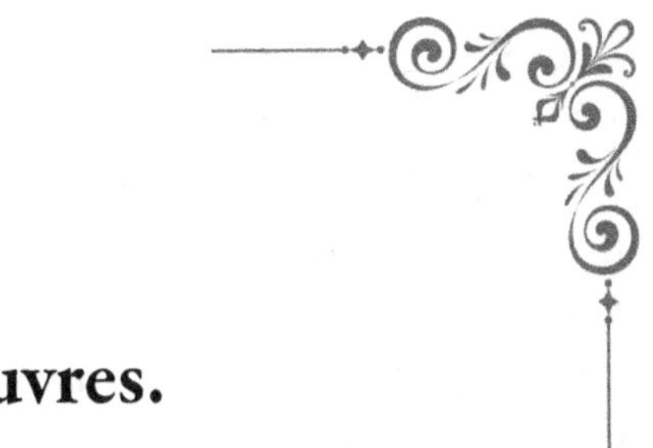

Les œuvres.

Ça craint vraiment. Généralement, au travail, nous devons partager l'espace avec d'autres personnes que nous n'avons pas choisies et qui ne sont pas du tout à notre goût. Ces personnes, mieux connues sous le nom de racailles, sont celles que nous devons supporter tous les jours et ça craint vraiment.

Cela fait plus de quinze ans que je me suis libéré du travail pour des racailles, des imbéciles, des gens qui vous maltraitent, qui se croient supérieurs à vous. Des gens qui sont des putains de merde et dont il faut supporter toute l'impertinence parce que c'est ce qui vous nourrit. C'est de la merde et un esclavage dont il faut sortir au plus vite. Vous améliorerez votre économie en travaillant sur d'autres choses plus rentables, et vous améliorerez votre estime de soi en ne supportant pas ces enculés.

Si vous voulez réussir dans la vie, vous devez éviter à tout prix de travailler pour quelqu'un. Parfois, il y a des gens qui sont bons et nous sommes heureux, mais un type individualiste et arrogant n'aimera jamais cela. Il pense que vous êtes en position d'infériorité, que si votre patron vous licencie, vous êtes à la rue et vous restez dans la misère. Dans cette position d'infériorité, il ne peut jamais y avoir de relation satisfaisante, c'est un abus, un enfer. C'est pourquoi il faut s'aimer soi-même et s'opposer à ceux que l'on n'aime pas. Aime-toi et ne tolère aucun abus. Pour sortir de cette situation, ayez confiance en vous et en vos capacités et élaborez un plan pour travailler pour vous-même.

Laissez-les partir et envoyez quelqu'un d'autre.

Il arrive que les patrons soient de bonnes personnes, que nous nous entendions bien avec eux et qu'ils nous traitent bien. Mais il est difficile d'aimer tout le monde au bureau. Il y aura toujours le clochard typique qui est prêt à faire n'importe quoi pour plaire au patron, la femme typique qui ne s'est pas du tout autonomisée et qui vit là en se languissant et en négligeant sa famille, totalement soumise au patron. Le pauvre homme qui, comme celui-ci, vit pour travailler et ne se respecte pas le moins du monde. Cet homme fera des heures et des heures supplémentaires sans jamais être payé, et c'est à peine s'il recevra un salaire de merde. Ils seront tous jetés sans ménagement quand il le faudra, et seul celui qui se fait respecter, celui qui réclame ses droits, celui dont on n'ose pas abuser parce qu'on sait qu'il se défendra avec toute la force de la loi, l'emportera.

En suivant cette ligne de pensée et en étant en accord avec moi-même, j'ai poursuivi en justice l'un des patrons avec lesquels je devais traiter, à cause d'un non-paiement qu'il m'avait fait. Certaines personnes n'ont pas le leadership pour travailler pour elles-mêmes et préfèrent cette soumission, ce que je n'approuve pas du tout, mais nous ne sommes pas tous pareils. Je pense que le salaire que l'on vous verse est le prix à payer pour renoncer à vos rêves, à votre vie idéale, à être votre propre patron, à faire ce que vous voulez comme vous le voulez quand vous le voulez, à réussir vraiment, à être libre. Le salaire est le prix que l'on vous paie pour acheter votre liberté.

Bien que je comprenne que certaines personnes souhaitent ce confort, je ne partage certainement pas cette idée de travailler pour les autres et ici je vous donne mon avis, puis vous faites ce que vous voulez.

Avoir des partenaires qui vous comprennent et font des affaires ensemble. Des personnes qui vous connaissent et vous aident.

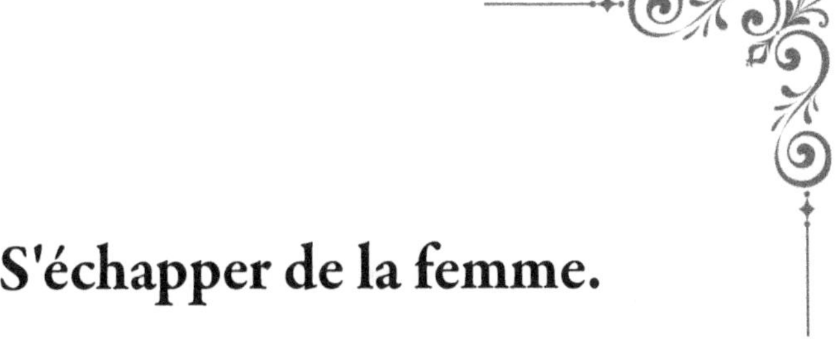

S'échapper de la femme.

Là où j'habite, il y a un très bel homme qui est marié à une femme très, très laide et à la personnalité très désagréable. Je me suis souvent demandé ce que cet homme pouvait bien trouver à cette femme. Après une longue analyse, je n'ai pu parvenir à aucune conclusion claire autre que le masochisme pur et simple. Il est avec une femme bien en dessous de son niveau et en plus une femme très désagréable.

J'ai remarqué que le hobby de cet homme était la course à pied, et il ne courait pas seulement un peu, il courait plusieurs heures par jour, alors j'ai tout compris. Avant d'être à la maison avec cette horrible femme, il préfère courir, et même s'il souffre beaucoup, c'est moins souffrant de courir que de supporter cette femme.

Il y a des gens qui se marient et qui fuient leur femme. En tout cas, c'est valable pour ce livre, cet homme a créé sa vie comme ça, avec une femme horrible. Ce sont des choses qui arrivent ! Il y a parfois des choses qui m'échappent et que je ne comprends pas, malgré le nombre d'années que j'ai et la sagesse que j'ai acquise. Ce que vous pouvez retenir de tout cela, c'est qu'il vaut mieux courir que d'être avec cette femme.

La raison pour laquelle il a épousé cette femme est un mystère qui dépasse les esprits les plus aiguisés de l'humanité. Un comité d'experts de la NASA a été constitué, ainsi que plusieurs gourous indiens du développement personnel, et ils sont revenus sans réponse, totalement dépités.

Continue à courir, Forest, va chercher Buba.

La culotte.

As-tu remarqué que tes amis, alors qu'ils n'ont pas de petite amie, t'accompagnent partout, qu'ils sont même un peu casse-pieds, que tu ne les quittes jamais, et que lorsqu'ils ont une petite amie, ils disparaissent comme s'ils étaient partis en Mongolie, et tu ne les vois plus pendant quinze ans, même s'ils habitent à deux rues de chez toi ?

Voilà ce que c'est, mes amis, d'être un homme à poigne. Lorsqu'un homme normal se marie, il disparaît complètement pour tous ses amis et se donne corps et âme à sa femme. Je trouve très triste et très regrettable que l'on en arrive là. Que par peur d'elle, pour lui faire trop plaisir, on abandonne de bons amis. Je trouve cela scandaleux. Alors à ces amis qui disparaissent à cause de leur copine et qui réapparaissent dès qu'ils la perdent, vous leur dites : tu n'avais pas une copine ? Alors dites-lui : tu ne m'as pas appelé depuis des années. Nous ne sommes pas là pour les supporter quand ils n'ont rien à faire. Il faut s'occuper de ses amis et si on ne s'occupe pas d'eux, on se casse ! Assez d'être bons et de supporter la racaille.

Vous ne pouvez pas plaire à tout le monde, faites-vous plaisir.

Scooter a chanté une excellente chanson au début du siècle : "Tu ne peux plaire à personne, alors fais-toi plaisir". Si vous cherchez à plaire à une personne, à en plaire à une autre, à changer d'avis pour plaire aux gens, vous serez une mauviette et personne ne voudra vous accompagner ou vous faire confiance, parce qu'un jour vous direz une chose et un autre jour le contraire, selon la personne à qui vous parlez. Tu seras une peste, un type dont on ne sait pas où il va sortir, à qui on ne peut pas faire confiance.

Cependant, si vous êtes une personne qui s'apprécie et qui dit ce qu'elle pense, vous aurez des détracteurs et vous saurez qui sont les personnes qui ne pensent pas comme vous, mais vous aurez aussi des partisans. Ce seront les bonnes personnes avec lesquelles vous aimerez être. Vous serez authentique et apprécié pour cela. Il y a beaucoup de mauviettes qui n'ont ni personnalité ni caractère. Des types qui essaient de plaire à tout le monde et qui ne font que déplaire à absolument tout le monde et sont détestés par tout le monde.

Ayez une personnalité, ayez votre point de vue et faites-le valoir, ne soyez pas un plaisantin. L'une des pires choses dans la vie est d'être une personne molle qui passe son temps à plaire aux imbéciles.

Transition vers de nouvelles méthodes.

J'espère qu'avec ces premières explications, vous êtes devenus un peu plus humbles, gentils, condescendants et respectueux de vous-même. Maintenant vient le temps de se dépasser, de faire quelque chose de jamais fait, de contredire toutes les règles de la séduction et d'être grand.

Je vais maintenant expliquer les nouvelles méthodes que j'ai développées à la suite de mon travail sur le terrain.

Tout ce que je vous dis, je l'ai développé et mis en pratique avec succès, même si les actions sont folles, elles fonctionnent ! Cependant, je voudrais vous avertir que ces nouvelles méthodes nécessitent beaucoup plus de confiance en soi, car elles ne sont pas si gentilles avec les filles, ce sont des méthodes sombres, souvent difficiles à mettre en pratique. Si vous n'avez pas une grande confiance en vous, elles ne fonctionneront pas, parce que souvent, ce que je compte faire, c'est déplaire aux filles, et je sais que beaucoup le feront mal et seront rapidement expulsées de l'interaction.

Ce n'est pas la méthode qui est mauvaise, c'est la mise en œuvre qui est mauvaise. Si c'est fait avec la putain de puissance, avec la confiance en soi, avec le charme et le charisme de la vraie star, celle qui **pense qu'elle est vraiment grande** et puissante, ça marche. Il ne suffit pas d'appliquer la méthode et c'est tout, il faut le faire avec du charisme et du charme, avec ces armes, presque tout fonctionne, même si vous les affrontez durement. **Croyez-moi,** je l'ai fait, j'ai fait des merveilles, des prouesses incroyables avec ces méthodes parce que j'ai l'image de la star dans ma tête. Vous pouvez le faire aussi, c'est une question de mentalisation. Faites tout bien, si vous le faites mal, vous obtiendrez des résultats terribles.

Utilisez la méthode JD et lorsque vous l'aurez maîtrisée, passez au JD mixte puis au JD foncé, lorsque vous serez à l'aise avec cette méthode, passez à l'EDD et enfin à l'EDD foncé.

La méthode JD peut être appliquée par presque tout le monde, elle fonctionne et elle est facile à mettre en œuvre.

Pour la méthode sombre des JD, vous devez être beaucoup plus sûr de vous, moins influencé par leurs charmes, être courageux et oser vous confronter. Ces résultats sombres seront, lorsque cette méthode est bien appliquée, beaucoup plus puissants que le JD normal.

Lorsque nous sommes familiarisés avec la méthode JD dark et qu'elle donne des résultats, nous passons à la méthode EDD et nous nous exerçons jusqu'à ce que nous nous sentions à l'aise avec elle et qu'elle donne de bons résultats, et enfin nous passons à la méthode EDD dark.

Auparavant, vous n'aviez qu'une seule méthode, au cours des 23 livres que j'ai publiés, je n'en ai développé qu'une seule, et ici, dans ce livre, j'en développe quatre nouvelles.

Cette vie arrive et si vous n'avez pas le courage de vous comporter comme vous le voudriez, d'être quelqu'un de magnifique, d'être la star, d'être quelqu'un de spécial, d'être fier de vous et de vos triomphes, qui va le faire, bordel ? C'est votre putain de vie, c'est votre responsabilité.

C'est le moment, c'est votre vie, si vous ne faites pas ce que vous voulez vraiment faire, vous serez un raté toute votre vie. Cette méthode EDD vous permet d'être l'étoile, de briller, d'aller très haut, profitez-en.

Aussi fou que cela puisse paraître, je fais tout cela pour eux et pour vous, parce qu'ils aiment cela, parce qu'ils n'aiment pas que nous soyons trop gentils, parce qu'ils aiment le gars qui dit non et qui est un défi pour eux.

Avec tout cela, ce que je veux, c'est que les femmes s'amusent et passent un bon moment, je suis leur défenseur et même si les méthodes les piquent un peu, c'est superficiel, nous ne leur faisons jamais une offense grave, mais nous jouons avec elles, en les piquant un peu, au fond, nous sommes leurs grands défenseurs, nous les aimons, nous les désirons et nous les respectons. C'est pourquoi nous leur donnons ce qu'elles disent ne pas vouloir mais dont elles ont besoin, ce qu'elles veulent vraiment, le bad boy charmant qui les fait rager et les rend folles d'amour. Le maître de la séduction.

Masochisme féminin.

C'est précisément une femme, Helene Deutsch, qui a écrit plusieurs ouvrages scientifiques dans lesquels elle soutenait que les femmes étaient masochistes, c'est-à-dire qu'elles aimaient souffrir. Ce n'est pas un homme, ni un machiste, ni rien de tout cela, c'est une femme, disciple de Freud, qui a écrit en 1930 "L'importance du masochisme dans la vie mentale féminine", elle a aussi écrit "Psychologie de la femme" en 1945. Elle saura pourquoi elle a dit cela, mais ce n'est certainement pas n'importe qui qui l'a dit, mais une psychologue très réputée. Ces travaux ne sont évidemment pas montrés aux gens d'aujourd'hui parce qu'ils ne sont pas politiquement corrects, mais ils sont là, qu'ils le veuillent ou non.

Sur la base de ces travaux scientifiques et surtout de l'expérience qui leur donne raison, je bâtis mes méthodes. Je crois vraiment à cette vérité, oui, je pense qu'ils sont masochistes, pas à fond, mais un peu masochistes oui. Pour avoir la réponse sur le pourquoi de ce masochisme, il vous faudra lire les ouvrages de cette femme. Elle saura.

Donc, si les scientifiques disent qu'il y a une raison à cela, nous utiliserons cette faiblesse à notre avantage.

Nous serons un peu mauvais, mais au fond, bons, nous utiliserons ces armes, mais nous ne les mépriserons jamais vraiment, ni ne les traiterons mal, ce n'est qu'un jeu pour les attirer à nous. Nous, les séducteurs, sommes les grands défenseurs des femmes et ceux qui se soucient le plus d'elles et de leurs besoins. Nous nous sacrifions pour elles, et si nous devons être mauvais, alors nous le sommes, car c'est ainsi qu'elles nous aiment davantage, tout est toujours pour elles.

Les scientifiques ont parlé, je n'ai rien à ajouter.

La méthode EDD.

Cette méthode est une évolution de la méthode JD pour ceux qui ont atteint l'excellence. C'est une méthode que tout le monde ne peut pas utiliser parce qu'elle exige un niveau élevé de qualités de séduction. Vous faites des choses qui ne semblent pas rationnellement bonnes pour séduire. Mais lorsque vous êtes fort dans la maîtrise de cette méthode, les actions que vous développez, fonctionnent.

La méthode JD est une méthode facile et simple, applicable à toute interaction et qui donne des résultats très rapidement. C'est la méthode que vous devriez utiliser le plus souvent. C'est une méthode avec laquelle les filles vous aimeront et vous serez aimé.

Cette autre méthode, l'EDD, est destinée aux personnes plus courageuses, à celles qui ne craignent pas d'affronter, voire de déplaire un peu à la jeune fille, à celles qui veulent prendre des risques et avoir plus d'impact. Des personnes qui savent que c'est une méthode plus lente que la méthode JD, bien que cette lenteur ne se produise pas toujours, seulement dans certaines occasions, il y en a d'autres où l'impact est immédiat. Et un impact beaucoup plus important qu'avec la méthode JD.

Pourquoi les filles veulent-
elles la star ?

Le fait d'être quelqu'un d'important, ou du moins quelqu'un qui a une position, des connaissances ou une vie différente des autres, fait que l'on vous apprécie davantage.

Ne nous leurrons pas, les filles veulent la star, l'acteur hollywoodien, la célébrité à la télévision, le chanteur, qui est présélectionné parmi tous les autres et qui est perçu comme meilleur que les autres.

C'est pourquoi j'ai inclus ce paramètre dans cette méthode, car si vous êtes perçu comme le meilleur, ou du moins comme quelqu'un de très bon dans quelque chose, vous serez plus valorisé, voire admiré, et nous pourrons utiliser cela à notre avantage pour séduire.

Pourquoi aiment-ils une
étoile lointaine ?

Les gens, et pas seulement les filles, recherchent quelqu'un d'inaccessible, quelqu'un qui dépasse leurs capacités et leur zone de confort, donc cette étoile doit être distante, elle doit être quelque chose d'assez grand et de plus grand que les autres avec lesquels elle interagit habituellement.

Je ne veux pas dire par ce mot éloigné que vous êtes froid, mais que vous êtes bien au-delà de leur portée, une étoile lointaine, bien au-dessus de leur niveau.

Il n'est pas facile d'y parvenir. C'est pourquoi vous devez rechercher les capacités qui vous rendent unique et spécial, pour être l'étoile de quelque chose, une étoile si haute qu'elle est aussi lointaine. Cette célébrité, vous devrez être capable de la démontrer, vous devrez lui donner la preuve que vous êtes vraiment cette étoile lointaine, sinon il ne vous croira pas.

Cherchez ce que vous savez faire de mieux, ce qui vous distingue des autres, et si vous l'avez, utilisez cet avantage à votre avantage et devenez l'étoile lointaine. Une fois que vous l'avez trouvé, vendez-vous bien et parlez-leur des avantages de votre célébrité.

Si vous n'avez rien qui vous distingue des autres, quelque chose qui peut vous faire percevoir comme la star, alors je vais vous dire une chose, vous pouvez acquérir quelque chose qui vous distingue et vous positionne au-dessus des autres dans un sujet vraiment puissant comme la séduction.

Vous pouvez devenir un Maître de la Séduction si vous suivez le cours vidéo du Maître de la Séduction. Vous aurez alors votre célébrité, quelque chose qui vous distinguera des autres, vous serez un séducteur avec un diplôme officiel qui vous qualifiera en tant que Maître de la Séduction.

Cela vous qualifie d'étoile lointaine et dangereuse et vous devez le lui communiquer avec une certaine humilité, sans vous vanter. Elle doit savoir que vous êtes une star de la séduction, même si vous n'avez pas encore beaucoup de succès, vous en aurez bientôt en appliquant les enseignements de ce cours. Vous avez la connaissance.

Vous êtes aussi une star plutôt grande, distante, voire dangereuse. Vous pourrez lui dire que vous avez suivi le meilleur cours de séduction au monde et qu'il a été validé par John Danen lui-même. Ces capacités spéciales qui vous rendent supérieur aux autres en matière de séduction, vous les lui communiquerez subtilement, jusqu'à ce que vous lui révéliez enfin toute la vérité.

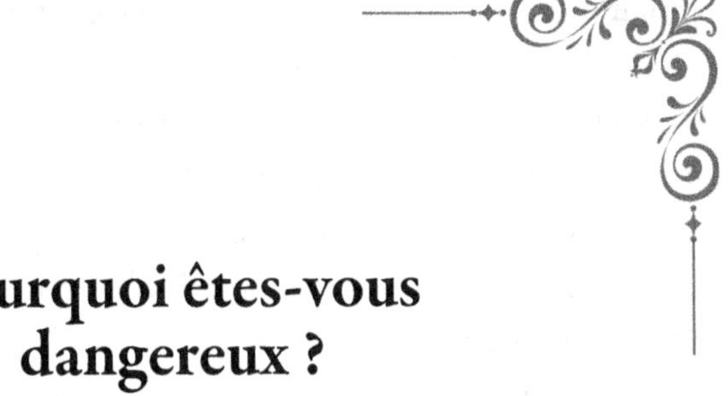

Pourquoi êtes-vous dangereux ?

Vous êtes dangereux car vos capacités sont celles d'un artiste martial, mais pas dans le combat, mais dans l'amour. Vous êtes validé et avez reçu un diplôme comme quelqu'un de très puissant dans le domaine de l'amour. Ces capacités peuvent donc être dangereuses pour elle, car elle peut facilement tomber amoureuse de vous. Comme le diplôme le certifie, en plus d'être séduisant, vous êtes aussi fort et charmant, elle risque donc de tomber amoureuse et d'en souffrir. Vous serez gentil et ne la laisserez pas souffrir, mais elle court un risque.

Vous êtes donc une star, mais vous êtes aussi distant parce que vous êtes une star de haut niveau et vous êtes aussi dangereux pour eux. Vous les prévenez de vos capacités et vous n'êtes pas intéressé à flirter avec eux parce que vous ne voulez pas abuser de vos capacités, parce qu'ils pourraient être blessés si vous ne mesurez pas votre énorme attractivité. Ce caractère dangereux et distant, voire dans certains cas l'interdiction que vous leur faites d'être avec vous, est ce qui les attire vers vous.

Les filles sont excitées par l'interdit et même si elles savent que vous êtes un coureur de jupons et probablement un mauvais garçon, elles voudront être avec vous. Elles aiment l'interdit, le dangereux, l'excitant, elles n'aiment pas l'habituel, le normal, l'habituel.

Lorsqu'ils rencontrent un Maître de la Séduction, ils rencontrent quelqu'un de très compétent en amour et de très séduisant, ce sera un défi pour eux. Vous combinerez également votre célébrité dans un autre domaine que vous pourrez démontrer et qui vous rendra encore plus stimulant, l'objectif à atteindre.

Vous ne serez pas intéressé à flirter avec elle, vous serez le défi, l'homme difficile à obtenir, l'homme qui ne veut pas aller avec elle parce qu'il est occupé par d'autres choses, quelqu'un qui sait qu'il est très puissant et qui n'est pas très commode pour elle parce qu'elle pourrait tomber amoureuse de vous.

Ce statut de star distante et dangereuse crée une aura de défi qui les motive à vous conquérir.

Nous jouons ici avec le concept d'hybristophilie. Ce concept dit que certaines femmes sont attirées par des personnages dangereux. Nous ne sommes pas des criminels ou des types vraiment dangereux, mais nous pouvons être légèrement dangereux en raison de nos connaissances et de notre énorme attrait. Elles peuvent avoir un peu peur de tomber amoureuses de nous parce que nous ne sommes pas le gentil. Ce concept est légèrement exploité dans cette méthode et, en général, dans toutes les méthodes sombres.

La méthode EDD.

Cette méthode est une évolution audacieuse et stimulante de la méthode JD. En utilisant cette méthode, l'interaction sera agréable, sauf à de rares moments.

Nous ne nous préoccupons pas de flirter avec elle et nous nous plaçons subliminalement au-dessus d'elle. Comme je l'ai déjà dit, cette méthode est plus risquée, plus arrogante et plus stimulante, et vous devriez l'utiliser si vous voulez prendre plus de risques, si vous voulez avoir un fort impact et faire les choses lentement et bien. Les effets sont plus puissants qu'avec la JD.

Je pense que son taux de réussite est plus faible, mais que son taux de réussite est plus élevé, c'est-à-dire que vous aurez moins de réussites qu'avec le JD, mais ceux qui sont touchés par ces nouvelles actions tomberont irrémédiablement.

Le nom de cette méthode vient de ces initiales :

E comme étoile

D comme distant

D comme dangereux.

Je vous expliquerai pourquoi j'ai inventé cette méthode et comment je me suis rendu compte qu'elle fonctionnait, puis je vous présenterai en détail chacune des actions qui composent cette méthode.

Nous utiliserons légèrement l'hybristophilie et le masochisme féminin à notre avantage. Ces deux questions sont des questions scientifiques avérées.

Comment m'en suis-je
rendu compte ?

Je sais depuis toujours que les femmes aiment ce qui a le plus de valeur, ce qui est inaccessible, elles tombent amoureuses de leurs idoles du rock, des présidents de gouvernement, des personnes célèbres et illustres, des personnes qui passent à la télévision, des personnes qui sont expertes en quelque chose. Bref, des personnes qu'elles admirent profondément.

Ce pouvoir d'attraction qu'ils ressentent à l'égard de ces personnes, considérées comme des experts ou des stars, est la clé de leur présélection.

Nous devons être quelqu'un de très grand, quelqu'un qu'ils admirent, et, loin de le cacher, montrer ces capacités, ce pouvoir, ce quelque chose qui les surprend et les admire.

Il va de soi qu'un acteur hollywoodien sera très bien considéré par eux et qu'il n'a besoin d'aucune méthode, puisqu'il est déjà célèbre et reconnu par tous. Nous n'avons pas cette cachette, mais avec cette méthode, nous nous approcherons un peu plus des privilèges de ces personnes.

Je me suis également rendu compte que les femmes sont attirées par l'interdit et le danger, donc si nous combinons le fait d'être un expert en quelque chose, d'être quelqu'un d'important dans un domaine, avec l'interdit et le danger, nous génèrerons beaucoup d'attirance simplement avec ces deux caractéristiques.

Hannibal Lecter a dit que nous désirons ce que nous voyons, mais j'ajoute que nous désirons aussi l'interdit, le dangereux, l'inaccessible, le niveau supérieur. Nous allons donc utiliser cette préférence psychologique pour en tirer profit.

Il y a de nombreuses années, le Français, le matador et moi-même étions avec des filles, et comme nous nous sentions si puissants et sûrs de nous, au lieu d'essayer de les draguer, nous avons préféré rire, en leur racontant des choses folles et en répondant à leurs questions d'une manière totalement impudique.

L'un d'eux m'a demandé.

John il y a des contrôles pour aller dans ton village (référence aux contrôles d'alcoolémie par la police pour voir si tu as bu de l'alcool), je lui ai répondu

-Oui, ne vous inquiétez pas, il y a des contrôles, Durex, Prime, j'ai tout.

Un peu choquée par cette réponse éhontée, elle interroge alors le Français.

Et que faites-vous dans la vie ?

Le Français lui répond avec son sérieux et son accent parisien.

-Nous sommes là pour **faire l'amour.**

La femme, étonnée, regarda le matador pour voir ce qu'il disait et le matador ajouta

-Oui, faire l'amour, mais ce qui est étrange, c'est que nous ne le faisons pas encore.

Toute cette vantardise et cette arrogance non seulement ne les a pas effrayées, mais je crois même qu'elle les a séduites, nous les avons retrouvées un autre jour et j'ai dragué l'une d'entre elles, qui était l'une des plus jolies de mon CV, avec beaucoup d'aisance d'ailleurs. Malgré toutes ces folies, elles étaient réceptives, c'est là que j'ai compris que la star, ça marche, surtout si on y ajoute une touche d'humour.

Je me suis également rendu compte qu'une profession ou une activité qui est considérée comme une personne très expérimentée en amour, vous donne une position d'étoile, de quelqu'un qui est dangereux en raison de ses énormes connaissances.

Lorsque j'étais en Argentine et que je filmais le cours Master Seduction, lorsque j'interagissais avec les filles et qu'elles me demandaient ce que je faisais dans la vie, je leur disais

-Je suis un coach en séduction", ce qui les a laissées hallucinées et intéressées par moi.

Beaucoup d'entre elles flirtaient sans vergogne, j'ai donc compris que ça marchait, et ça marchait. Je me suis rendu compte que ce statut de star de la séduction, de coach, de personne perçue comme puissante grâce à ses compétences, notamment en amour, donnait beaucoup de pouvoir sur les filles et les attirait.

C'est pourquoi vous serez aussi une star, un Maître de la séduction certifié, et vous les attirerez en faisant connaître ce statut.

Vous pouvez aussi dire que vous vous consacrez à l'amour, à la séduction des filles, au flirt, vous leur dites cela sans aucune crainte et sans aucune considération, cela les impressionnera aussi parce que vous êtes sincère, courageux et provocateur.

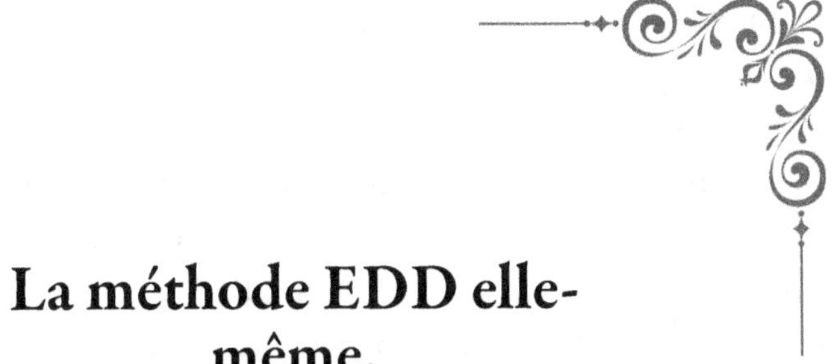

La méthode EDD elle-même.

Cette méthode est bien sûr une variante de la méthode JD, une variante beaucoup plus diabolique. Vous ne pouvez l'utiliser que si vous avez maîtrisé la méthode JD à la perfection, car elle exige plus de culot, plus d'effronterie, plus d'impudeur et beaucoup plus d'assurance.

C'est absolument la même chose que dans la méthode jd, à la seule différence que vous vous voyez dans ce nouveau rôle supérieur et que votre visualisation sera beaucoup plus puissante que dans la méthode jd. Je détaillerai plus loin un exemple de visualisation correcte.

Déploiement dans le cadre de la méthode EDD :

Amusant.

Bien sûr, nous commencerons par l'action la plus importante pour cette méthode et pour tout le monde, l'amusement. Il n'y a pas de variation ici, vous serez une personne super amusante et joyeuse qui s'amuse beaucoup, et qui transmet un monde heureux où elle est la bienvenue, acceptée et appréciée.

Même si vous connaissez votre énorme pouvoir, vous êtes gentil et vous l'amenez dans votre monde, parce que même une star comme vous est gentille, pourquoi ne le seriez-vous pas ? Vous êtes heureux dans votre monde de réussite et vous la faites participer, vous la faites rire et vous vous amusez. Ces actions pour la faire rire doivent être pratiquées dans votre propre style, utilisez votre esprit et votre créativité pour dire des choses qui renforcent l'atmosphère festive, joyeuse et amusante dans laquelle vous êtes plongé. C'est tout, il faut le pratiquer au plus haut niveau et créer son propre style. Plus vous maîtriserez l'humour, plus vous pourrez supporter votre arrogance par la suite.

Sans inhibition.

Nous serons désinhibés de la même manière que dans la méthode JD, mais cette fois-ci encore plus. Cette fois-ci, la désinhibition sera un peu plus forte. Cette désinhibition sera très forte et nous parlerons de n'importe quel sujet, aussi controversé soit-il. Plus notre conversation sera contraire à ses idées, mieux ce sera, plus nous serons indépendants, indifférents et peu soucieux de flirter avec elle. Cela la met mal à l'aise et c'est mauvais, mais c'est ainsi que les choses doivent se passer. Nous allons faire de l'effet, être méchants, ne plaire à presque personne à certains moments.

Insouciant.

Nous continuerons à flirter avec elle avec nonchalance, exactement comme dans la méthode JD, nous serons nonchalants à l'idée d'être avec cette fille car elle n'est pas l'objet de notre intérêt amoureux ou sexuel. Nous nous contenterons d'être là avec elle, de manifester notre attirance, de faire preuve d'esprit et d'être dans une interaction la plupart du temps agréable pour nous deux, mais sans aucune intention de séduire. Nous ne la mépriserons jamais, mais si nous pouvons attaquer les choses, nous serons là à jouer avec elle comme un lion joue avec une petite souris.

Confortable.

L'action suivante consiste à créer le confort dont elle a tant besoin pour pouvoir être avec vous. Ce confort doit être magnifique et d'un niveau beaucoup plus élevé que ce qui est fait dans la méthode JD, car elle est également beaucoup plus mal à l'aise.

Nous l'avons époustouflée, elle a été rejetée et ne nous a pas beaucoup considérés, mais maintenant nous allons être de bons compagnons de fête, nous allons la faire rire, nous allons nous soucier d'elle, être attentifs, être gentils, être vraiment adorables et nous allons faire en sorte qu'elle se sente vraiment bien en étant vraiment gentils avec elle.

Nous allons même jusqu'à relativiser et minimiser l'affirmation, en laissant la porte ouverte à l'amour et en lui donnant la raison aussi dans ses arguments de lui faire un peu plaisir, si nous voyons qu'elle est trop mal à l'aise ou ennuyée. Elle sait qu'elle n'est pas l'objet de notre intérêt, mais elle se sent à l'aise avec nous.

Cette méthode est celle des grands maîtres qui ne se soucient pas vraiment de l'échec ou du succès, des maîtres séducteurs qui jouent vraiment avec les filles et qui sont capables de supposer que certaines d'entre elles ne nous aiment pas et nous méprisent.

Elle se sent très à l'aise, nous sommes très attentifs et nous la flattons même à l'occasion.

Nous n'utilisons pas Complicity, ou très peu. Elle ne figure pas dans les paroles officielles.

Nous n'utilisons pas Descaro, et si nous l'utilisons, c'est pour nous référer à d'autres, mais très peu ou pas du tout.

Étoile.

Mais nous ne nous contenterons pas de cela, nous ferons des actes encore plus courageux. Petit à petit, nous révélerons notre véritable identité, et ce, si elle nous demande quelque chose comme ceci

Que voulez-vous, ou que recherchez-vous, ou quel type de relation voulez-vous, ou êtes-vous formel, ou cherchez-vous une aventure ?

Nous vous le dirons.

Je suis un Maître de la Séduction, une personne qui se consacre à la séduction des femmes, je suis quelqu'un dont il est difficile de tomber amoureux, car même si je peux être charmant, je me consacre à cela, à séduire, j'appartiens à la communauté des Maîtres de la Séduction et je suis vraiment différent des autres.

Je suis une bonne personne, mais je pense que je ne conviens pas aux filles qui recherchent un homme formel. Je ne cherche pas une relation sérieuse, parce que ce n'est pas ce que je recherche normalement, même si parfois j'ai aussi des relations sérieuses, je suis un séducteur qui séduit jusqu'à ce qu'il trouve le véritable amour. Je me dois à la séduction, à cette vie d'émotions. J'ai longtemps mené cette vie qui est très satisfaisante et qui m'a amené jusqu'à vous. Je ne veux pas vous séduire, je veux simplement que vous sachiez qu'il m'est difficile de tomber amoureux et que je ne suis peut-être pas celui qu'il vous faut pour ce que vous voulez, c'est-à-dire l'amour.

Après avoir fait cette déclaration choquante, elle sera apparemment horrifiée, ou peut-être qu'elle a déjà fait l'effet de tant d'arrogance et de tant de sincérité et qu'elle est terriblement attirée par lui sans l'avoir voulu.

Cette affirmation aurait encore plus de poids si vous étiez un coach en séduction, un auteur de livres sur la séduction, un acteur porno ou toute autre chose susceptible de la mettre au défi, mais même si vous ne l'êtes pas, le fait d'être un Maître de la séduction lui semblera très puissant et vous donnera de la crédibilité en tant que séducteur.

Après cette déclaration, nous l'aurons dévalorisé en ne le ciblant pas.

Nous l'avons mise à l'écart des projecteurs. Nous sommes dans le domaine de la séduction et elle aura l'impression d'avoir un statut inférieur au vôtre parce que, bien que vous aimiez tellement séduire, vous ne faites rien pour lui plaire, ni pour la séduire, et vous vous êtes donc positionné comme ayant plus de valeur qu'elle, à la fois en raison de votre expérience et de votre déclaration sur la limite de ce qui est supportable.

Tout cela suffira à nous créer un ennemi si nous en restons là, mais maintenant nous allons montrer tout notre charme de séducteurs éhontés et l'attirer. une fois que nous l'aurons affaiblie avec cette déclaration choquante...

Le cœur bien accroché.

Enfin, nous la traitons comme une petite sœur que nous protégeons, choyons et soignons. On est le protecteur aimant et gentil, on s'épanche, on la câline, on l'estime, on la considère comme une fille merveilleuse, on lui dit qu'elle est un canon, qu'elle est super belle, mais pour laquelle on n'a pas d'intérêt amoureux.

Ici, nous sommes très différents de la méthode JD, avec cette action nous la traitons de manière affectueuse, paternelle, gentille, nous reconnaissons ses mérites, nous lui disons à quel point elle est merveilleuse. J'ai appris cela de mon oncle Mochi, qui était très affectueux, gentil et appréciait beaucoup les filles. Il avait l'habitude de leur dire qu'elles étaient très mignonnes, géniales et fantastiques et il les faisait se sentir très bien. Et de temps en temps, il les rabaissait un peu en faisant des blagues drôles comme les traiter de petits monstres, il était le représentant ultime de l'école du charisme. Il était au sommet, brillant, attentionné, protecteur, charismatique, faisant se sentir bien les filles et tous ceux qui l'entouraient, avec un esprit impressionnant et des plaisanteries pleines d'esprit.

Il les a beaucoup attrapées, les a même embrassées sur le visage et les a tenues en haleine avec une puissance impressionnante. Il faut avoir ce charisme pour qu'elle se sente bien. Les enseignements de l'oncle Mochi ne seront pas vains, je reprends son flambeau et vous dis ce qu'il faut pour séduire.

Je n'ai jamais vu quelqu'un avec autant de charisme et de pouvoir d'attraction, il était la fête en lui-même et faisait en sorte que tous ceux qui étaient avec lui se sentent bien. Un grand homme dont nous devrions apprendre ce magnifique charisme.

Nous sommes super charismatiques, charmants, fantastiques, uniques et spéciaux, mais malheureusement nous ne sommes pas là pour ça. Vous êtes un maître de la séduction qui ne veut pas que cette fille tombe amoureuse de vous.

Vous laissez également entendre que nous avons un peu peur de l'amour, que nous essayons, sous couvert de séduction, de ne pas trop nous impliquer, parce qu'au fond nous sommes faibles et que nous tombons aussi amoureux. Cette faiblesse supposée doit donc se manifester par des actes de gentillesse, ils doivent penser qu'au fond, ce n'est qu'une façade, parce que vous avez peur de l'amour. Cela les rapprochera davantage de vous, car ils verront ce que vous savez vraiment faire.

Soudain, nous verrons clairement les signes de son attirance évidente pour nous. Il ne faut pas être pressé, c'est elle qui viendra à nous et ce jour-là nous serons gentils et lui donnerons ce qu'elle désire secrètement et n'ose pas demander, ce qui lui fait peur, ce qui est un défi, ce qui est interdit, le mauvais garçon, le garçon sincère qui ne cache pas ce qu'il est, le séducteur charismatique qui n'a pas envie de la séduire. Le maître de la séduction

En fin de compte, les lettres sont les suivantes :

F fun

S sans inhibition

I insouciance

C confortable

E étoile

T type

D facultatif flagrant si, après plusieurs jours, la méthode a réellement échoué.

Comme c'est beaucoup de lettres et beaucoup de désordre, je centre le nom de la méthode sur l'étoile, une Étoile Lointaine et Dangereuse.

Soyez aimable.

Après tant d'étoiles, nous devons mettre les pieds sur terre et montrer que nous sommes bons. C'est ainsi qu'ils se sentiront bien.

Soyez gentil, mais comme un père pour ses enfants, ou un grand frère pour ses petites sœurs. Une gentillesse aimante, protectrice et amicale. Après avoir fait toutes ces mauvaises choses et vous être positionné de manière si supérieure, vous adoptez maintenant cette attitude paternaliste qui vous positionne également comme non intéressé à flirter avec elles, au-dessus de leur portée. Nous sommes charismatiques, agréables, gentils, enjoués et surtout chaleureux et protecteurs. Ici, nous pouvons jouer beaucoup avec le contact physique, l'étreinte et la protection qui sont donnés sans aucune intention amoureuse ou sexuelle.

Dès que vous détectez des signes d'attirance, vous savez que vous avez gagné. Petit à petit, vous devenez aimable et proche.

Fermeture avec la méthode EDD.

Lorsque vous réalisez que la fille est avec vous, qu'elle rit confortablement de vous et qu'elle est très proche de vous, c'est le bon moment pour fermer.

Il faut profiter des pics d'humeur pour se rapprocher. Lorsque l'humeur est au beau fixe, profitez-en pour l'embrasser, dans l'une ou l'autre de ces étreintes un baiser peut tomber.

Avec cette méthode, nous avons essayé de l'attirer, elle est maintenant attirée et même touchée par notre gentillesse, évidemment nous nous en rendons compte et nous nous rapprochons.

Si elle n'est vraiment pas assez attirée, nous utiliserons le joker du culot.

Je ne recommande pas vraiment de l'utiliser, si vous êtes au-dessus, vous êtes au-dessus, vous devez être cohérent avec votre position d'étoile, continuer avec le confort et la bonté charismatique.

Ce n'est que si la méthode a réellement échoué que nous pouvons utiliser la chutzpah comme dernière tentative de fermeture.

Je laisserais passer quelques jours et ne serais pas pressé de conclure.

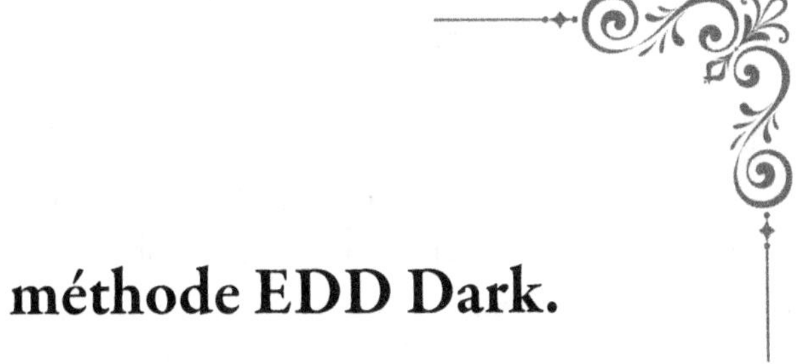

La méthode EDD Dark.

En réfléchissant, je me suis rendu compte qu'il pouvait y avoir des variations sur cette méthode, et même sur la méthode JD, comme je l'expliquerai plus loin. La première variante est la suivante, la méthode EDD Dark.

Dans cette méthode, nous ferons les mêmes choses que dans la version normale : nous serons amusants, désinhibés, insouciants, pleins d'étoiles, à l'aise et finalement gentils, mais nous ajouterons un ingrédient supplémentaire qui les fera nous détester. Cela aura un effet majeur sur leur psyché et nous donnera un grand pouvoir sur eux. Cette nouvelle action s'appelle la confrontation.

Confrontateur.

Nous allons confronter les choses que vous dites, même si nous ne sommes pas vraiment comme ça, ou si nous ne pensons pas comme ça, nous allons le faire pour les affaiblir. Nous devons le faire d'une manière légère et ne pas être une confrontation dure qui les retournerait totalement contre vous.

Il semble très étonnant que pour séduire, il faille se confronter, mais cela ressemble à ce que les gens font souvent pour séduire, c'est-à-dire se moquer un peu de la personne qu'ils aiment, pour la taquiner, l'ennuyer, l'affaiblir. C'est la clé, la confrontation affaiblit et fait que vous êtes perçu comme différent de tous les autres qu'ils louent. Légèrement détesté, mais nous savons déjà que l'amour se transforme en haine.

Je n'aime pas trop cela car je trouve que cela donne l'impression d'une personne trop arrogante et désagréable, mais on peut le faire avec modération et l'atténuer.

Cela montrera que nous ne cherchons pas à plaire, que nous ne nous soucions pas de ce qu'elle pense de nous. Nous nous occupons d'autres choses plus importantes qu'elle, nous ne nous soucions pas beaucoup de ce qu'elle pense ou dit de nous. Nous donnons notre avis qu'il lui plaise ou non, surtout s'il ne lui plaît pas, cela la retournera contre nous et la mettra un peu en colère de voir que nous sommes quelqu'un qu'elle n'aime parfois pas, vous n'êtes pas là pour vous moquer de toutes ses grâces et pour dire oui à tout.

Nous devons le faire de manière très mesurée, sinon nous serons considérés comme des imbéciles. Nous serons une personne qui n'est pas là pour plaire mais pour dire sa vérité, qu'elle plaise ou non. Aussi incroyable que cela puisse paraître, cette confrontation l'attirera, car nous serons quelqu'un qui n'est pas affecté par elle ou sa beauté, nous osons affronter une bombe à qui tout le monde dit oui pour lui plaire.

Nous serons conflictuels, nous serons à la limite de ce qui est assimilable et nous n'irons pas au-delà, sinon elle nous dira de partir, ou elle partira, ou elle ne voudra pas nous parler.

Nous nous affronterons mais nous ne franchirons pas cette ligne, nous dirons enfin que nous respectons votre opinion mais que nous ne la partageons pas et que c'est cela la démocratie, penser différemment.

C'est ainsi que nous nous distinguerons totalement des autres. Permettez-moi de vous donner un exemple. L'une d'entre elles a dit qu'elle était fan d'un certain footballeur, je m'en moquais, le football ne m'intéresse pas, mais j'ai vu sa faiblesse et je l'ai confrontée à cela.

Je l'ai fait parce que j'étais arrogant, parce que je n'avais pas envie de lui faire plaisir, parce que j'avais envie d'être méchant, de l'emmerder et aussi parce que je voulais faire une expérience pour voir ce qui se passerait, alors je l'ai fait. Je savais déjà que ces confrontations ont un impact psychologique et les rendent vulnérables, parce que je l'avais déjà fait une fois, quand c'était sorti comme ça par hasard, cette fois-là, j'avais vu la grande faiblesse que cela lui avait causée après avoir été confrontée.

Dans le cas du footballeur, je lui ai dit que c'était un gamin qui gagnait des millions et qui ne faisait rien d'intellectuel, je lui ai dit qu'il n'avait pas de charisme, qu'il avait l'air d'un bon gars, mais qu'il n'avait rien à admirer, que l'homme qui s'occupait de son magasin et qui gagnait peu d'argent, ou le policier qui dirigeait la circulation, étaient plus admirables.

Cette confrontation a eu l'effet escompté, elle s'est sentie sortir de son cadre de princesse, elle a senti que je n'étais plus le prix, que je n'étais pas là pour lui plaire et que j'étais un autre homme, indépendant et dur. Elle a immédiatement commencé à avoir un langage corporel que j'ai rapidement décodé comme de l'attirance envers moi.

Créez la confrontation, déplaisez-lui, montrez-vous totalement distant de ses idées et, enfin, blanchissez les vôtres en vous montrant plus poli et plus compréhensif à l'égard de sa position à elle aussi.

Avec tout cela, nous lui déplairons et nous lui ferons voir que nous ne sommes pas là pour lui plaire ou pour la séduire, mais que nous sommes un homme avec des idées claires, un homme qui n'est pas intimidé et qui ne s'adapte pas à ce qu'elle veut ou à ce qu'elle aime. Ces attaques les affaiblissent, les font se sentir vulnérables, ce qui, aussi incroyable que cela puisse paraître, les rend sensibles, doux et romantiques. Vous la confrontez, ce que personne d'autre ne fait, et maintenant elle vous traite mieux, précisément à cause de cette confrontation que vous avez faite.

Une fois aussi, il y a de nombreuses années, j'ai eu une confrontation avec une femme que j'avais abordée et qui avait dit ou fait quelque chose qui m'avait beaucoup déplu, alors au lieu de prendre le problème à bras le corps, je lui ai fait des reproches et je l'ai critiquée, cela l'a choquée, elle est devenue moins agressive, plus sensible, douce, gentille et s'est excusée, après je l'ai remarquée affectée et avec une propension à une bonne évaluation de moi précisément à cause de cela, de la confrontation, du fait d'être un dur qui se fait respecter.

Vous pouvez dire les phrases - Je me fiche de ce que vous pensez de moi, ou - Je me fiche de ce que vous pensez, ou, Je ne suis pas là pour vous plaire, je dis ce que je pense.

À l'extérieur, elle ne vous aimera pas, mais à l'intérieur, vous la toucherez. Il s'agit donc de l'adoucir pour l'attirer vraiment.

Si la confrontation a été excessive et qu'elle est très en colère, vous lui direz que c'était une blague. Dans ce cas, vous aurez été un connard qui lui a trop déplu et vous aurez dû faire marche arrière. Il ne s'agit pas que la fille soit totalement sur la défensive ou offensée, il s'agit de petites confrontations, de petites choses, et souvent, si nous voyons que nous l'avons exaspérée, nous disons que c'est une blague.

Je n'aime pas trop le faire, je n'aime même pas le faire, mais comme j'innove, je crée de nouveaux systèmes de séduction, il faut que je vous en parle parce que ça marche vraiment. Ne la confrontez pas trop, mais si vous utilisez cette technique ne tombez pas non plus à côté, faites de l'humour, dédramatisez tout ce que vous dites après, comprenez-la et enfin soyez très gentil pour vous faire pardonner de toute cette confrontation.

La méthode EDD Dark se présente alors comme suit :

Amusant.

Sans inhibition.

Insouciant.

Confortable.

Étoile.

Confrontateur.

Confortable à nouveau.

Type gentil, protecteur et affectueux.

Il faudra du temps pour la séduire, car il s'agit d'une méthode un peu plus longue, mais elle peut parfois être séduite dès la première interaction.

Comment les méthodes EDD et EDD Dark sont-elles appliquées ?

Ces méthodes ne fonctionnent que si la fille peut être vue à plusieurs reprises, c'est-à-dire si nous avons un numéro de téléphone ou un contact, ou si nous savons où la trouver régulièrement. Après ce premier contact très impressionnant, nous allons rendre toute la soirée magnifique pour elle et nous lui disons au revoir de manière gentleman et attentive pour qu'elle se sente bien, car ces actions qui la font se sentir mal doivent être faites très peu de temps car elles sont très impressionnantes, tandis que le reste du temps, nous serons des hommes magnifiques et agréables qui sont attentifs à elle et même un peu gentleman.

L'attaque que nous avons menée contre elle a affaibli ses défenses, l'a fait se sentir vulnérable et cette vulnérabilité a été créée par votre confrontation, puis vous avez été encore plus vantard et vous vous êtes placé sur un plan tellement supérieur qu'elle s'est sentie peu de chose, puis nous nous sommes rachetés par notre magnifique performance de gentils messieurs en étant à l'aise et gentils.

Nous lui disons au revoir sans intention de fermeture et **la laissons dans l'oubli**. C'est important, nous attendrons qu'elle donne des signes de vie, si elle ne fait rien, nous laisserons passer une semaine avant notre prochaine interaction. Cela montrera que vous êtes passé à autre chose, que vous avez d'autres préoccupations. Et c'est le cas, vos autres préoccupations seront de faire la même chose à tant d'autres, que vous laisserez également dans l'oubli.

Vous les laissez tranquilles et ils reviennent vers vous. Ils reviennent parce que vous êtes devenu une sorte d'étoile à neutrons ou de trou noir qui les attire irrémédiablement. C'est différent de ce que font les autres et si vous avez été un peu désagréable puis très agréable, vous aurez bien réussi la méthode EDD ou EDD dark et ils vous appelleront et voudront vous voir.

Lorsque vous les voyez, vous pouvez leur parler des autres filles que vous avez draguées ou de votre vie sans vous reposer comme s'il s'agissait de vos amis, sans vous soucier de les séduire, tout cela les laissera sous le choc et le jour viendra où vous serez avec eux comme un bon ami, mais dans ce cas, vous ne serez pas le bon ami qui est en dessous d'eux, mais le bon ami qui est bien au-dessus d'eux.

Vous remarquerez sa proximité, son regard, les gestes d'une attirance évidente pour vous et comme nous avons été méchants, punissants, arrogants et vantards, tout en essayant d'être humbles, nous serons maintenant gentils et nous lui donnerons ce qu'elle désire secrètement et qu'elle n'ose pas demander. Ce jour-là, nous lui donnerons ce dont elle a besoin, nous nous donnerons nous-mêmes, puis nous appliquerons le B de gentil et nous embrasserons la fille. Elle tombera à la renverse avec un éblouissement parce qu'elle sait déjà qui vous êtes et il est presque certain que cette même nuit vous dormirez aussi avec elle parce que cette reddition qu'elle est en train de faire sera totale.

Je vais maintenant aller un peu plus loin en donnant des exemples qui expliquent correctement chacune des actions afin que vous les compreniez bien et que vous ne fassiez pas une mauvaise performance.

Dans ta tête, tu dois être heureux, toujours heureux, même si tu t'affrontes et que tu deviens une star, sois inquiet pour elle, inquiet de son bien-être, de ne pas lui faire de mal, parce qu'au fond de toi tu es bon et tu veux que cette fille ne souffre pas, c'est pourquoi tu ne t'offres pas, c'est pourquoi tu ne vas pas vers elle, c'est pourquoi tu essaies de l'éloigner de toi.

Je pense que ces méthodes ont un pouvoir énorme et si la fille est suffisamment attirée, vous créez de très bons liens, parce que vous avez été son protecteur, vous l'avez mise en garde, et pourtant elle s'est donnée. Vous allez être très gentils avec elle. C'est une fille courageuse qui, tout en sachant que vous êtes un homme qui fait ce qu'il fait, apprécie que vous vous comportiez bien avec elle et que vous ne lui mentiez pas.

En fin de compte, l'amour peut même naître parce que cette fille qui va se donner à fond peut vous adoucir parce que vous voyez que vous êtes vraiment quelqu'un de bien. Dans votre discours, vous devez également souligner l'idée qu'au fond de vous, vous cherchez l'amour, mais que pour le trouver, vous maximisez le nombre de filles que vous rencontrez, afin de le trouver plus rapidement. Au fond de nous, nous sommes sensibles et bons. Si cette fille nous plaît beaucoup, nous lui dirons que nous abandonnons tout notre dévouement pour elle parce que nous avons déjà trouvé la fille idéale et que nous nous concentrons sur elle, parce qu'elle est quelqu'un de spécial. C'est donc avec ces actions plutôt problématiques que l'amour peut naître.

Vous devez également rendre vos déclarations crédibles. Si vous lui dites que vous êtes un séducteur, que vous vous consacrez à la séduction et qu'elle vous voit comme quelqu'un d'indigent, de mou, de peu sûr de lui ou de peu attirant, elle ne vous croira pas.

Il est important que vous transmettiez bien vos qualités, afin qu'elle ne doute pas que vous êtes réellement un Maître de la Séduction. Par conséquent, pour donner plus de crédibilité à votre déclaration, lorsque vous suivrez le cours de Master Seduction, vous recevrez un diplôme qui vous certifiera en tant que Master Seduction, et vous pourrez le montrer à cette fille.

Je ne vous recommande pas de le faire tout le temps, il est préférable d'utiliser la méthode JD, mais seulement lorsque vous avez envie d'expérimenter, d'être plus dur et de séduire de manière plus risquée, vous pouvez utiliser cette méthode. Si vous vous y prenez bien, vous aurez beaucoup plus de succès qu'avec la méthode JD. Pas de risque, pas de gain.

Il est important de ne pas se vanter en permanence de ses séductions et de ne pas être un crétin arrogant. Il suffit de le mentionner un peu et de ne pas être fier et vantard tout le temps. Vous devez améliorer le confort parce que l'attaque et l'attirance que vous avez créées sont beaucoup plus fortes, et si vous allez trop loin, elle vous rejettera carrément et vous traitera d'abruti ou d'autre chose. Vous savez que cela peut arriver. Il peut aussi arriver ce que je vous ai dit, qu'elle tombe amoureuse et qu'elle perde. Le résultat dépendra de votre bon jeu, pas de la méthode elle-même, qui est tout à fait fiable.

Ne le dites certainement pas à une féministe ou à quelqu'un de ce genre, mais n'ayez pas peur de l'utiliser non plus.

Vous devez faire preuve d'humilité, d'une volonté d'aider les filles, d'une volonté d'être positif pour la société, et ne pas vous vendre comme un prédateur. Montrez-vous comme un expert en amour, comme si vous étiez une ceinture noire de karaté qui a une école d'arts martiaux, ou qui est un maître dans un très bon art martial. Prévenez-les, mais ne vous en vantez pas. Soyez humble et gentil avec les filles. Si vous en faites trop, vous passerez pour un méchant, si vous n'en faites pas assez, vous n'aurez pas l'impact émotionnel qui les affaiblira.

Chutzpah.

L'insolence doit être écartée de cette méthode car si l'on est une star, comment aller chercher une star en étant insolent ? Les stars, et encore plus si elles sont sombres, ont une très haute estime d'elles-mêmes et ne cherchent pas à séduire les femmes avec lesquelles elles sont, mais plutôt à les attirer vers elles.

Si quelqu'un utilise la méthode EDD ou EDD dark, et y ajoute de l'insolence, il fait quelque chose d'assez fou, en se mettant dans la peau d'une star et en l'affrontant dans l'obscurité, c'est assez inconfortable, et ensuite en étant insolent avec elle.

Je pense que ce serait une erreur totale, parce que nous l'avons trop offensée et qu'après cette offense, elle a besoin d'un peu de temps pour guérir ses blessures et pour être attirée par nous avec notre attitude charismatique. Une attitude qui est également confortable et même gentille pour elle, après de telles actions.

Si nous sommes effrontés en plus de cela, nous sommes, je pense, trop offensés, et nous n'allons pas du tout la séduire, ce sera une incohérence et une grave erreur, alors ne pensez pas à ajouter de l'effronterie à l'une ou l'autre de ces méthodes. En effet, elles portent déjà les composantes de l'arrogance à un niveau trop élevé et n'admettent pas d'autres actions arrogantes. Les deux méthodes fonctionnent indirectement et sur une période de temps assez longue.

La méthode JD dark.

Nous avons déjà deux nouvelles méthodes, maintenant je vais en sortir une troisième, la JD dark, qui avec la méthode JD, fera un total de quatre méthodes de séduction.

La méthode JD peut être utilisée en style direct ou indirect. Je ne sais pas pourquoi, j'ai envie d'être un peu méchant et je vais corriger un petit défaut que la méthode JD a encore.

Dans la méthode JD, nous avons.

Amusant.

Sans inhibition.

Insouciant.

Confortable.

Complice.

Partagé si nécessaire

C'est une méthode rapide qui génère de l'attraction, de bonnes vibrations, une bonne ambiance, la fille vous aime bien et vous êtes quelqu'un de gentil, un peu indifférent à l'occasion, mais gentil, parce que nous sommes toujours charismatiques. Et si on enlevait la complicité, qui est vraiment une douceur, c'est vraiment quelque chose qu'on fait pour s'attacher à elle, quelque chose qui trahit nos intentions de flirter avec elle, et si, au lieu de la complicité, on utilisait la confrontation, une confrontation petite et modérée mélangée à de l'humour ?

Je pense que cela renforce la méthode et nous fait passer pour plus méchants, plus arrogants, plus indifférents au flirt et, en fin de compte, plus séduisants.

Je ne vais donc pas reprendre toute la méthode, mais simplement vous dire que vous pouvez utiliser la méthode JD dans sa version Dark en appliquant la confrontation, comme je l'ai expliqué plus haut.

La méthode JD dark se présente donc comme suit.

Amusant.

Sans inhibition.

Insouciant.

Confortable.

Confrontateur.

Confortable à nouveau.

Partagé si nécessaire

Dans cet ordre, c'est parfait. Ne mettez pas trop de temps à la réconforter, car si vous vous montrez trop arrogant, vous la pousserez à s'éloigner et vous ne pourrez plus créer suffisamment.

Une fois que vous avez été confronté(e), relâchez la pression et revenez au confort.

Je pense que la méthode JD dans cette variante sombre est encore plus puissante, parce qu'elle a l'effet débilitant de la confrontation.

Utilisez-le avec les femmes arrogantes, les femmes qui sont un peu trop sûres d'elles, pour diminuer leur haute estime d'elles-mêmes.

Pour les femmes plus douces, la méthode JD normale est préférable.

Avec cette variation, la méthode JD rejoint la séduction sombre et devient une méthode JD sombre, plus malveillante mais, je pense, plus percutante.

Je pense que cette méthode JD dark est la deuxième meilleure de toutes.

Pour ce qui est de savoir quelle méthode est la meilleure, je pense que la situation est la suivante :

- Méthode mixte JD, que j'explique comme suit
- Méthode JD dark
- Méthode JD

- Méthode EDD
- Méthode de l'obscurité de la EDD

La méthode mixte JD

La méthode JD peut être appliquée en mode sombre ou en mode normal. Vous pouvez également **mélanger les deux** et utiliser la complicité à certains moments et la confrontation à d'autres, expérimenter, utiliser des armes claires et sombres.

Je pense que cette méthode est la meilleure de toutes.

Amusant.

Sans inhibition.

Insouciant.

Confortable

Confrontation/ complicité.

Confortable à nouveau.

Partagé si nécessaire

Soyez tantôt bon, tantôt mauvais. Récompensez et punissez, dominez l'interaction.

Si les choses se passent comme nous l'entendons, nous créons la complicité ; si les choses se passent comme nous ne l'entendons pas, nous créons l'affrontement. Soyons grands, menons les choses là où nous voulons qu'elles aillent.

C'est la meilleure méthode de séduction possible, elle est super importante. Ici je ne l'explique pas du tout parce qu'elle est déjà expliquée par tout le monde. Utilisez toujours cette méthode.

Nouvelles méthodes.

Nous disposons à présent de la méthode EDD, de la méthode sombre EDD, de la méthode jd, de la méthode sombre JD et de la méthode mixte JD.

Dans les deux EDD, il est possible, après un certain temps, d'être Jeté si nécessaire.

Les méthodes EDD sont plus lentes et les méthodes JD sont plus rapides.

Votre expérimentation devrait se dérouler comme suit :

- JD.
- JD mixte.
- JD sombre.
- EDD.
- EDD foncé.

Erreurs dans la mise en œuvre des méthodes EDD, EDD dark et JD dark et JD mixed.

Confrontation excessive.

Si nous faisons cela, la fille sera offensée et même si nous essayons d'être gentils, de dire qu'il s'agissait d'une blague, nous ne pourrons pas dédramatiser la situation et nous aurons échoué avec notre confrontation excessive.

Confrontation insuffisante.

Si nous la confrontons très peu et que nous disons immédiatement qu'il s'agit d'une blague ou d'une chose très légère que nous disons, nous ne l'aurons pas vraiment confrontée et l'on remarquera que nous faisons cette confrontation juste pour l'embêter parce qu'elle nous plaît. Nous n'affrontons donc rien, nous ne sommes pas des durs à cuire, et les méthodes JD ou EDD dans leurs versions sombres ne fonctionneront pas bien.

Statut de l'étoile sur-positionnée.

Je pense que c'est l'erreur la plus fréquente que vous allez commettre : vous mettre trop en avant. Vous mettez en avant votre statut de star trop longtemps et avec trop d'insistance, vous vous vantez et vous êtes trop arrogant. Bref, vous êtes autoritaire, ce qui ne l'attirera pas du tout, mais la repoussera beaucoup. Attention donc, vous devez vous positionner comme une star, mais humblement, comme une anecdote, comme quelque chose que vous avez, mais que vous ne voulez pas étaler.

Le statut de l'étoile est subpositionné.

Si vous mentionnez vraiment votre célébrité mais que vous ne la présentez pas comme quelque chose de fantastique, elle pensera que c'est tout à fait normal et vous ne profiterez pas de ce statut de star. Vous devez le vendre mais sans vous vanter, elle doit être consciente du pouvoir de cette célébrité.

Une gentillesse arrogante.

Nous ne pouvons pas non plus être bon enfant et paternels avec arrogance, mais avec une attitude de réelle affection et de considération, sans nous regarder de haut. La vantardise et l'arrogance, nous les avons déjà pratiquées dans la confrontation, dans tout le reste, nous devons les éliminer autant que possible.

Exemples pratiques.

Je donnerai ici quelques exemples qui montrent que toutes ces méthodes, dans toutes leurs versions, fonctionnent.

Je pense vraiment que ce livre, la méthode EDD, est une nouvelle **bible de la séduction** qu'il faut lire, relire, assimiler parfaitement et mettre en pratique.

Avec ces cinq méthodes de séduction, aucune femme ne peut résister aux charmes du sexeducer.

J'ai également filmé trois cours de séduction. Dans ces cours, je parle à la caméra en expliquant chacune des questions liées à la séduction. Ces cours vidéo sont disponibles sur hotmart et sur toutes les plateformes audiovisuelles existantes.

Actuellement, les cours sont les suivants :

Maître de la séduction.

Le charmeur.

Putain de pouvoir.

Deux autres cours sont prévus prochainement.

J'en viens à l'histoire de mon application.

Il m'est arrivé une fois de me rendre dans un endroit en tant que coach en séduction dans le cadre d'un travail. J'y suis restée plusieurs jours et, le soir, j'ai eu des contacts avec les femmes.

Quand on me demande ce que je fais dans la vie, je réponds sans hésiter : "Je suis coach en séduction, je suis séducteur, je suis venu ici pour travailler là-dessus ".

Je me suis présenté comme une star de la séduction et je n'ai montré aucun intérêt à séduire ces femmes. J'étais un peu dégoûté par ce que je faisais et je l'ai confrontée, je lui ai dit ce que je pensais vraiment, je me foutais de l'avoir ou pas, j'étais même un peu méchant.

Je me suis alors rendu compte que j'étais allé trop loin et je me suis rattrapé avec du charme, de l'appréciation et même un peu de galanterie. J'ai remarqué que cette confrontation avait un effet, le lendemain elle m'appelait pour me donner rendez-vous, j'y suis allé mais je n'avais pas envie de traîner avec elle et au lieu de la séduire je suis rentré chez moi et je l'ai oubliée, elle a continué à appeler mais finalement je ne l'ai pas considérée comme convenable et je l'ai quittée sans la fermer parce que c'est comme ça que j'avais envie de le faire, putain.

Avec d'autres femmes, dès que je leur disais que j'étais coach en séduction, leurs yeux s'écarquillaient comme des soucoupes et elles étaient étonnées et enthousiastes. Avec cette image de star de la séduction, image que vous pouvez aussi avoir avec la formation Master Seduction, les filles me draguaient, m'approchaient, et certaines me harcelaient même un peu.

J'ai dit à la plus intéressante d'entre elles que je voulais qu'elle soit mon manager et qu'elle gère différents problèmes pour moi. Je lui ai dit : "Je suis la star, ta star, le manager doit s'occuper de **tous les** besoins de sa star".

Je ne sais pas si c'est à cause de son grand charme ou de sa position de star dans sa tête, mais le fait est qu'ils ont travaillé à merveille et que cette fille, que j'ai appelée "mon manager", me suggérait tous les jours des choses à faire, des endroits où aller, etc.

Bien sûr, je suis sorti avec ma directrice et tout allait bien, mais petit à petit, elle est devenue de plus en plus distante et froide, au point qu'elle ne voulait même plus m'embrasser. Cela m'a semblé être une infraction très grave et je l'ai confrontée. Je lui ai dit que je ne voulais plus la voir, qu'elle n'était plus mon manager, que je ne me sentais pas valorisé et que je ne fréquentais pas les femmes qui ne me valorisaient pas.

Je me suis plu, j'ai été dur et je l'ai quittée, je suis resté plusieurs jours seul sans faire attention à elle, en disant non à ses propositions et en ne la voyant pas. Je suis sorti avec l'autre, que j'ai également rejetée parce qu'elle ne me plaisait pas.

Quelques jours après cette confrontation avec le directeur, elle a commencé à être beaucoup plus ouverte, réceptive, affectueuse et dévouée. J'ai appris à la connaître à nouveau et elle m'a finalement avoué qu'elle avait un petit ami et que c'était pour cette raison qu'elle se comportait ainsi, mais qu'elle m'aimait bien.

J'ai alors commencé à être plus gentil, à mieux la traiter, à l'accompagner davantage et, petit à petit, elle s'est abandonnée à la consommation totale.

Ainsi, en devenant une star, en étant honnête, en disant ce que vous faites, en affrontant ce que vous n'aimez pas et en étant gentille, aimante, aimable et protectrice, j'ai balayé cet endroit et j'ai connu un triomphe extraordinaire qui aurait pu être bien plus grand si j'avais été un peu plus dévouée.

Ensemble intérieur à utiliser avec les méthodes EDD.

Eh bien, là, on va faire l'écran mental comme d'habitude, on va se visualiser non pas comme une personne qui séduit, mais comme **la star de la séduction**, le Maître de la séduction qui excite les femmes. Nous allons nous voir en train de leur dire que nous sommes des séducteurs, que nous sommes un Maître de la séduction, que nous sommes diplômés, que nous sommes la star, que nous voulons qu'elle passe un bon moment, que nous n'allons pas utiliser nos arts de la séduction sur elle, que nous allons être gentils.

Vous pouvez l'imaginer surprise, faisant la grimace d'une jeune fille choquée, positivement impressionnée par cette déclaration.

Vous avez alors l'air charismatique, protecteur, aimant et attentionné, jouant avec votre protégé.

Visualisez tout parfaitement.

Et maintenant, comme nouveauté, une fois que vous avez terminé la visualisation, vous allez écrire sur un morceau de papier ce que vous ressentez, comment vous avez vu cette fille, et vous, écrivez quelques phrases sur ce que vous ressentez et ce que vous avez vu sur votre écran mental.

Ensuite, chaque jour, vous lirez ces phrases, qui vous donneront du pouvoir et vous feront sentir comme la star de la séduction.

Gardez ce document devant vous tous les soirs et lisez-le plusieurs fois avant de vous coucher et lorsque vous vous levez. Lisez-le tous les jours jusqu'à ce que vous croyiez vraiment que vous êtes la star de la séduction.

Interactions.

Pour séduire en grand nombre, vous devrez avoir beaucoup d'interactions, c'est super important, alors interagissez tous les jours avec beaucoup de gens, sortez de chez vous, allez à des événements, des conférences, des expositions, participez à des activités, entrez dans des groupes de toutes sortes et maximisez les nouvelles personnes à qui vous parlez tous les jours.

Une vie sociale intense offre de nombreuses possibilités. C'est aussi plus facile et moins gênant que l'approche à froid. Soyez quelqu'un qui a une vie sociale intense et vous pourrez utiliser toutes ces méthodes à bon escient.

Allez-y !

Fin.

Séduire, ce n'est pas seulement obtenir la fille, c'est aussi apprécier le processus, c'est se sentir magnifique et spécial, c'est pourquoi ces nouvelles méthodes EDD et JD vous donnent du pouvoir et vous font vivre des moments formidables.

Si vous les mettez bien en pratique, vous aurez beaucoup de succès, si vous vous trompez, ce sera un désastre, cela dépend de vous, que ce que vous dites soit cohérent avec ce que vous pensez, que vous ayez une totale confiance en vous. Soyez grand et brillez, n'oubliez pas que vous êtes la star de la séduction.

Il s'agit d'un jeu, donc,

Jouons !

Did you love *La Méthode EDD*? Then you should read *L'art de la dureté*[1] by John Danen!

[2]

L'art de la dureté est l'art de rester cool et dur quand vous flirtez avec une fille et après avoir flirté avec elle. Grâce à cet art, vous la ferez tomber amoureuse de vous et non l'inverse, vous l'attirerez et la fascinerez, vous ne souffrirez plus par amour, vous serez valorisé et convoité, vous serez un badass. Vous serez apprécié et convoité, et vous serez un dur à cuire.

---

1. https://books2read.com/u/bzVP1z

2. https://books2read.com/u/bzVP1z

Also by John Danen

Seduction 5.0
S.A.X.
Chicas complicadas
Seducción 5.0
El libro del tonto
Macho Alpha
Macho alpha extracto
La seducción después de la pandemia
Terriblemente atractivo
Seducción 5.1
Sedução 5.1
How to be Cool and Attractive
Sedução. Avançada. X.
Garotas complicadas
¡Basta de ser buen chico! Sé un chico malo.
El método JD. El método de seducción de John Danen
El arte de agradarte a ti mismo
¡Basta ya de abusos! ¡Defiéndete!
Enought with the abuse! Defend yourself!
Máster en seducción
Las mujeres. El amor. Y el sexo.
Supera la dependencia emocional
Atrae mujeres con masculinidad
JD Absoluta seducción
El fracaso del amor

Entender a las mujeres
La vida del seductor sinvergüenza y encantador.
El arte de la dureza
Terrivelmente atraente
Deixe de ser um bom da fita! Seja um mauzão.
Superar a dependência emocional
A arte de se agradar
Pare o abuso! Defenda-se!
O fracasso do amor.
O método JD
Don´t Be a Good Boy! Be a Badass
Complicated girls
The Art of Pleasing Yourself
Duro y Sinvergüenza
Mestre en sedução
JD Method
The Failure of Love. The Trap of Serious Relationships
Master in Seduction
A. S. X. Advanced. Seduction. X
Women. Love. Sex
How to Become a Real Man. Be an Alpha Male
Attract Women with Masculinity
JD Absolut Seductión
Understanding Women
The Life of the Shameless and Charming Seducer.
The Art of Toughness
Tough and Shameless
Überwindung der Emotionalen Abhängigkeit
Maître en séduction
Schrecklich Attraktiv
Surmonter la Dépendance Émotionnelle
L'art de la dureté
Die Kunst der Zähigkeit

Hör auf, ein guter Junge zu sein, sei ein böser Junge

Assez D'être un Bon Garçon ! Sois un Mauvais Garçon.

Die Kunst, sich Selbst zu Gefallen

Dur et sans Vergogne

Hart im Nehmen und Schamlos

L'art de se Plaire à soi-Même

Das Scheitern der Liebe

L'échec de L'amour.

Meister der Verführung

Die JD-Methode

Maestro di Seduzione

Terriblement Attrayant

La Méthode JD

Capire le donne

Compreendendo as Mulheres

Comprendre les Femmes

Die Frauen Verstehen

Les Filles Compliquées

Komplizierte Mädchen

JD Séduction Absolue

La Vie du Séducteur Charmant et sans Vergogne

Les Femmes. L'amour. Et le Sexe.

Mâle Alpha

S.A.X.

V.F.X.

Donne. Amore. E il sesso.

Ragazze Complicate

Superare la Dipendenza Emotiva

Seduzione. Avanzata. X.

Dark Seducción

Il Fallimento Dell'amore.

Il Metodo JD

Alphamännchen

Atrair Mulheres com Masculinidade
Attirare le donne con la Mascolinità
Attirer les Femmes par la Masculinité
Mit Männlichkeit Frauen Anziehen
Frauen. Liebe. Und Sex.
L'arte di Piacere a se Stessi
Mulheres. Amor. E Sexo.
JD Seduzione Assoluta
JD Absolute Verführung
JD Sedução Absoluta
Das Leben des charmanten, schamlosen Verführers
Smettila di Fare il Bravo Ragazzo! Essere un Cattivo Ragazzo.
La Vita del Seduttore Affascinante e Spudorato
A Vida do Sedutor Encantador e sem Vergonha
Macho Alfa
Uomo Alfa
Séduction 5.0
Verführung 5.0
Seduzione 5.0
Duro e Senza Vergogna
Duro e Sem Vergonha
L'arte della Durezza
A Arte da Dureza
The Fool's Book
Das Buch der Dummköpfe
Il Libro dei Pazzi
O Livro do Tolo
Dark Seduction
Dunkle Verführung
Sedução Escura
Dark Seduction
Seduzione Oscura
Le livre du fou

Como materializar lo que deseas con el fxxxxxx power
Como materializar o que você quer com o Fxxxxxx Power
El ángel Sex-terminador
El seductor vampiro
O Vampiro Sedutor
Sex-Terminating Angel
The Vampire Seducer
How to Materialize What You Want With The Fxxxxxx Power
El camino del maestro
Il vampiro seduttore
O camiño do mestre
La via del maestro
Der verführerische Vampir
Le sedusant vampire
Der Weg des Meisters
La voie du maître de la séduction
Master's Path
Come materializzare ciò che si desidera con il Fxxxxxx Power
Wie Sie Ihre Wünsche verwirklichen können mit dem Fxxxxxx Power
El método EDP
O método EDP
The E.D.P. Method
Comment matérialiser ce que vous désirez avec le Fxxxxxx power
El hombre invencible
The EDP Method
O Homem Invencivel
l´Homme Invincible
l´Uomo Invincible
Der unbesiegbare Mann
Invincible Man
O Anjo Sex-Exterminador
La Méthode EDD

About the Author

Español.

Soy un hombre vividor y divertido que busca el lado bueno de las cosas siempre.

Mi experiencia es el campo de las relaciones personales y de la seducción. Por eso tras dedicarme larguísimas décadas a ello, quiero trasmitir mis conocimientos. Para que las nuevas generaciones tengan unos conceptos que les den una ventaja competitiva sostenible y poderosa en el campo del amor.

Quiero ayudarte a a conseguir tus metas.

Portugués.

Sou um homem animado, e divertido, que sempre procura o lado bom das coisas.

Minha experiência está no campo das relações pessoais e da sedução. É por isso que, após décadas de dedicação a ela, quero transmitir meus conhecimentos.

Quero ajudá-los a alcançar seus objetivos.

Inglés

I am a lively and fun man, who always looks for the good side of things.

My experience is in the field of personal relationships and seduction. That is why, after decades of dedicating myself to it, I want to pass on my knowledge. So that the new generations have concepts that give them a sustainable and powerful competitive advantage in the field of love.

I want to help you achieve your goals

Français Je suis un homme vif et drôle qui cherche toujours le bon côté des choses.

Mon expérience se situe dans le domaine des relations personnelles et de la séduction. C'est pourquoi, après m'y être consacré pendant des décennies, je veux transmettre mes connaissances. Pour que les nouvelles générations disposent de concepts qui leur donnent un avantage concurrentiel durable et puissant dans le domaine de l'amour.

Je veux vous aider à atteindre vos objectifs.

www.ingramcontent.com/pod-product-compliance
Lightning Source LLC
Chambersburg PA
CBHW061346140726

47997CB00003B/1072